高校转型发展系列教材

饭店服务技能实训教程

李容树 主编
韩军 刘丹 范秋梅 副主编

清华大学出版社
北京

内 容 简 介

《饭店服务技能实训教程》囊括了饭店服务所需掌握的相关技能，教程内容与行业技术要求相统一，具有很强的实践性。《饭店服务技能实训教程》强调对学生实践能力的培养，依照饭店各岗位的工作任务和能力要求选择内容，构成完整的饭店服务技能综合实训体系。本书包括学习目标、基础知识、操作(服务)技能、情景案例等内容，将职业岗位所需知识、技能、态度、能力融为一体，并将教学目标、过程、评价串成一线，具有很强的针对性和实效性。

《饭店服务技能实训教程》不仅要使学生掌握"怎样操作"，更要使学生明白"为什么这样操作"；教材中的"小知识"填补了技能教材缺少文化性的不足，丰富了学生的知识储备；"情景案例"将实训技能与实际工作结合，让学生体会掌握技能的重要性，同时从管理者角度思考事故发生的原因以及如何制定预防方案、解决方案，在提升学生的操作能力的同时，训练学生的管理能力。

本书封面贴有清华大学出版社防伪标签，无标签者不得销售。
版权所有，侵权必究。举报：010-62782989，beiqinquan@tup.tsinghua.edu.cn。

图书在版编目(CIP)数据

饭店服务技能实训教程 / 李容树 主编. —北京：清华大学出版社，2018（2025.1 重印）
（高校转型发展系列教材）
ISBN 978-7-302-49633-5

Ⅰ.①饭… Ⅱ.①李… Ⅲ.①饭店—商业服务—高等学校—教材 Ⅳ.①F719.2

中国版本图书馆 CIP 数据核字(2018)第 031728 号

责任编辑：	施　猛　马遥遥
封面设计：	常雪影
版式设计：	方加青
责任校对：	孔祥峰
责任印制：	曹婉颖

出版发行：清华大学出版社
　　网　　址：https://www.tup.com.cn, https://www.wqxuetang.com
　　地　　址：北京清华大学学研大厦A座　　　　邮　　编：100084
　　社 总 机：010-83470000　　　　　　　　　　邮　　购：010-62786544
　　投稿与读者服务：010-62776969，c-service@tup.tsinghua.edu.cn
　　质 量 反 馈：010-62772015，zhiliang@tup.tsinghua.edu.cn
印 装 者：涿州市般润文化传播有限公司
经　　销：全国新华书店
开　　本：185mm×260mm　　印　张：12.5　　字　数：289 千字
版　　次：2018 年 4 月第 1 版　　印　次：2025 年 1 月第 6 次印刷
定　　价：49.00 元

产品编号：074475-02

高校转型发展系列教材 编委会

主 任 委 员：李继安　李　峰

副主任委员：王淑梅

委员(按姓氏笔画排序)：

马德顺	王　焱	王小军	王建明	王海义	孙丽娜
李　娟	李长智	李庆杨	陈兴林	范立南	赵柏东
侯　彤	姜乃力	姜俊和	高小珺	董　海	解　勇

前　言

随着旅游业的快速发展，饭店的组织结构、管理方法、经营手段、服务内容、服务方法等都发生了变化，面对日趋激烈的市场竞争与挑战，饭店业要想立足与发展，关键在于相关人才的培养与储备。目前饭店从业人员及饭店专业的学生在知识结构、技能技巧、管理水平等方面与旅游业的迅速发展趋势难以匹配。因此，培养适应旅游业发展需要的人才成为十分紧迫的任务。本教材旨在将学生所学理论与饭店实际工作相结合，提高学生的动手能力，增强学生的实践水平，同时也满足课程改革及专业建设的需要。

为了培养学生良好的专业意识和较强的职业技能，适应未来饭店工作的需要，体现"以技能为中心""以需求为导向"的指导方针，本教材在设计过程中，以职业性、先进性、实用性、规范性为原则，吸收国内外有关饭店服务技能的新知识、新技能，突出实践性，强调对学生分析问题、解决问题等能力的培养。教材内容以能力为本位，突出对职业技能的培养，同时通过实践，增强探究和创新意识，发展综合运用知识的能力。根据这一理念，本教材分为三个部分，即餐饮部分、康乐部分和客房部分，共12章。在各个章节的设计中，"学习目标"旨在让学生能够明确各章节应掌握的知识、技能及相应的学习方法；"小知识"旨在增强学生对最新知识的了解；"情景案例"根据有关饭店的真实案例改编，通过分析与探讨，对学生的观念和解决问题的能力进行锻炼；"知识检验与能力实训"根据教材的内容进行设计，相关题目可供学生课后训练和复习使用。本教材在介绍饭店基本服务技能的同时，要求学生要树立正确的劳动态度、良好的职业道德和社会公德，培养吃苦耐劳和团结协作的精神。

本教材由李容树老师主编，韩军、刘丹、范秋梅老师副主编。在编写过程中，多次听取业内有关专家、教师及相关饭店从业人员的意见，得到多家高星级酒店的支持与帮助，尤其是万豪旗下的北京富力万丽酒店李颖经理的大力支持，在此一并表示感谢。由于时间和水平的限制，本教材在编写过程中难免存在不足之处，恳请指正。反馈邮箱：wkservice@vip.163.com。

编　者

2017年11月

目 录

第1章 餐厅服务技能 ··· 1
  1.1 托盘技能 ··· 1
    1.1.1 托盘的种类及用途 ··· 1
    1.1.2 托盘的使用方法 ·· 2
    1.1.3 托托盘行走的方法 ··· 3
    1.1.4 托盘操作的步骤及注意事项 ··· 3
  1.2 斟酒技能 ··· 5
    1.2.1 斟酒前的准备工作 ··· 5
    1.2.2 餐中的斟酒服务 ·· 6
  1.3 餐巾折花 ··· 8
    1.3.1 餐巾的作用与种类 ··· 9
    1.3.2 餐巾花型的基本要求及分类 ·· 10
    1.3.3 餐巾折花的技法与要领 ·· 11
    1.3.4 餐巾花型的选择与运用 ·· 12
  1.4 摆台 ·· 13
    1.4.1 摆台的基本要求 ·· 13
    1.4.2 中餐摆台 ··· 14
    1.4.3 西餐摆台 ··· 19
  1.5 上菜及分菜 ·· 23
    1.5.1 中餐上菜及分菜 ·· 23
    1.5.2 西餐上菜及分菜 ·· 26

第2章 酒吧服务技能 ··· 29
  2.1 鸡尾酒调制 ·· 29
    2.1.1 鸡尾酒调制的基本方法 ·· 29
    2.1.2 鸡尾酒调制规则 ·· 31
    2.1.3 酒吧术语 ··· 32
  2.2 水果拼盘技术 ·· 39
  2.3 酒吧插花艺术 ·· 41

2.3.1　花材概述 ……………………………………………………… 41
　　　2.3.2　插花基本技术 …………………………………………………… 45
　　　2.3.3　插花要诀 ………………………………………………………… 48

第3章　康体项目服务技能 ………………………………………………… 52
3.1　保龄球 ………………………………………………………………… 52
　　　3.1.1　保龄球基本知识 ………………………………………………… 52
　　　3.1.2　保龄球接待工作程序与服务规范 ……………………………… 57
　　　3.1.3　保龄球日常清洁保养 …………………………………………… 58
3.2　台球 …………………………………………………………………… 60
　　　3.2.1　台球基本知识 …………………………………………………… 60
　　　3.2.2　台球服务规范 …………………………………………………… 64
　　　3.2.3　日常清洁保养 …………………………………………………… 65
3.3　网球 …………………………………………………………………… 67
　　　3.3.1　网球基本知识 …………………………………………………… 67
　　　3.3.2　网球接待工作程序与服务规范 ………………………………… 73
　　　3.3.3　网球场日常清洁保养 …………………………………………… 73
3.4　高尔夫 ………………………………………………………………… 76
　　　3.4.1　高尔夫基本知识 ………………………………………………… 76
　　　3.4.2　高尔夫的接待工作程序与服务规范 …………………………… 81
　　　3.4.3　高尔夫球杆的清洁保养 ………………………………………… 82

第4章　保健项目服务技能 ………………………………………………… 84
4.1　桑拿 …………………………………………………………………… 84
　　　4.1.1　桑拿基础知识 …………………………………………………… 84
　　　4.1.2　桑拿服务流程 …………………………………………………… 85
　　　4.1.3　桑拿保洁 ………………………………………………………… 86
4.2　按摩 …………………………………………………………………… 89
　　　4.2.1　按摩基本知识 …………………………………………………… 89
　　　4.2.2　按摩服务规范流程 ……………………………………………… 92
　　　4.2.3　按摩清洁卫生标准 ……………………………………………… 93
4.3　健身房 ………………………………………………………………… 95
　　　4.3.1　健身房基础设备 ………………………………………………… 95
　　　4.3.2　健身房基本服务规范 …………………………………………… 98
　　　4.3.3　健身房卫生保养管理标准 ……………………………………… 100

第5章　预订业务实训 ……………………………………………………… 103
5.1　预订业务基础知识 …………………………………………………… 103
　　　5.1.1　预订的意义 ……………………………………………………… 103
　　　5.1.2　预订的方式 ……………………………………………………… 103

        5.1.3 预订的渠道 105
        5.1.4 酒店房间的类型 105
        5.1.5 预订的类别 106
        5.1.6 预订员的工作内容 107
    5.2 散客预订 108
        5.2.1 接受预订 109
        5.2.2 确认预订 110
        5.2.3 婉拒预订 111
        5.2.4 核对预订 112
    5.3 预订的变更及取消 115
        5.3.1 预订的变更 115
        5.3.2 预订的取消 115

第6章 礼宾业务实训 117
    6.1 迎送服务基础知识 117
        6.1.1 店门迎送服务 117
        6.1.2 店外迎送服务 119
    6.2 行李服务基础知识 121
        6.2.1 散客行李服务 121
        6.2.2 团队客人行李服务 124
        6.2.3 其他行李服务 125
    6.3 "金钥匙"服务基础知识 128
        6.3.1 "金钥匙"标志 128
        6.3.2 "金钥匙"的服务项目 128
        6.3.3 "金钥匙"的岗位职责 129

第7章 接待业务实训 131
    7.1 接待业务基础知识 131
        7.1.1 前厅接待工作的内容及常见问题的处理 131
        7.1.2 前厅接待工作常用表格 134
    7.2 房间状态及客房分配 137
        7.2.1 饭店房间状态介绍 137
        7.2.2 客房分配 137
    7.3 饭店接待业务流程 138

第8章 问讯业务实训 145
    8.1 问讯服务基础知识 145
        8.1.1 客人问讯的内容 145
        8.1.2 问讯处所设资料 146
        8.1.3 应答客人问讯时的注意事项 146

8.2 留言服务内容 147
8.2.1 访客留言 147
8.2.2 住客留言 148

第9章 总机业务实训 150
9.1 总机房的业务范围 150
9.2 总机员工的基本素质 153
9.3 总机服务注意事项 153

第10章 结账业务实训 155
10.1 结账业务基础知识 155
10.1.1 结账处的主要工作内容 155
10.1.2 结账服务程序 155
10.2 不同结算方式的服务程序 157
10.2.1 现金结算 157
10.2.2 信用卡结算 157
10.2.3 记账结算 159
10.2.4 支票结算 159
10.2.5 直接转账结算 160

第11章 客房清洁服务实训 162
11.1 客房清洁标准及时间 162
11.2 客房清洁原则及要求 162
11.3 各类客房清洁顺序 163
11.4 各类清洁剂的使用 164
11.5 客房清洁程序 164

第12章 客房对客服务实训 170
12.1 迎客、送客服务 170
12.1.1 迎客服务 170
12.1.2 送客服务 170
12.2 洗衣服务 171
12.2.1 洗衣服务的操作程序 171
12.2.2 洗衣服务的注意事项 174
12.2.3 洗衣服务的纠纷处理 174
12.3 客房小酒吧服务 176
12.3.1 客房小酒吧服务的注意事项 176
12.3.2 设置客房小酒吧存在的问题及解决对策 177
12.4 托婴服务 178
12.4.1 责任承担以及费用问题 178
12.4.2 对看护者的要求 178

  12.4.3　托婴期间的注意事项 ……………………………………………………… 179
12.5　送餐服务 …………………………………………………………………………… 180
  12.5.1　订餐形式 …………………………………………………………………… 180
  12.5.2　送餐服务程序 ……………………………………………………………… 180
  12.5.3　送餐服务的注意事项 ……………………………………………………… 180
12.6　擦鞋服务 …………………………………………………………………………… 181
  12.6.1　擦鞋服务的具体程序 ……………………………………………………… 181
  12.6.2　擦鞋服务的注意事项 ……………………………………………………… 182
12.7　租借物品服务 ……………………………………………………………………… 183
  12.7.1　租借物品服务的具体程序 ………………………………………………… 183
  12.7.2　租借物品服务的注意事项 ………………………………………………… 184

参考文献 ………………………………………………………………………………… 185

第1章　餐厅服务技能

> **学习目标**
> - 1. 了解托盘的种类及作用。
> - 2. 掌握托盘操作的基本程序。
> - 3. 掌握托盘操作的基本要领。
> - 4. 能够熟练、正确地使用托盘。
> - 5. 了解托盘操作的重要性。

1.1　托盘技能

托盘(Tray)是餐厅运送各种东西的基本工具，尤其是中餐服务，运送菜品时必须使用托盘，要求服务人员服务时手不离盘。正确有效地使用托盘，能够减少搬运次数，降低服务员的劳动强度，提高工作效率，体现服务的规范化和文明化。

托盘操作要讲究卫生、平稳安全、托平走稳、汤汁不洒、菜形不变。本节学习餐饮服务中使用托盘运送物品的方法，使学生掌握托盘操作的要领，熟练使用托盘。

1.1.1　托盘的种类及用途

1. 托盘的种类

托盘按照材质、用途可以分为不同的种类。

(1) 按照托盘的制作材料，可分为木托盘、金属托盘和胶木防滑托盘。

(2) 按照用途差异，可分为大、中、小三种规格的长方托盘和圆托盘。圆托盘中直径大于36厘米的为大圆托盘；直径在32～36厘米的为中圆托盘；直径在20～31厘米的为小圆托盘。长方托盘也按此规格分大、中、小三种。

2. 托盘的用途

(1) 方盘和中方盘，用于装运菜点、酒水、收运餐具和盆、碟等较重的物品。

(2) 小方盘和大、中圆盘，一般用于摆台、斟酒、上菜、上饮料等。

(3) 小圆盘和6寸小银盘主要用于送账单、收款、递信件等小物品。

1.1.2 托盘的使用方法

按所托物品轻重,有轻托和重托两种方式。物品重量在5000克以内的,适宜采用轻托方式,物品重量在5000克以上的,则采用重托方式。

1. 轻托

轻托又称胸前托,可以托送比较轻的物品或用于上菜、斟酒操作,轻托的重量一般在5000克以内。轻托一般在客人面前操作,因此熟练程度、优雅程度及准确程度十分重要。轻托是评价服务水平高低的标志之一。中、小型托盘多用此种方式,有便于工作的优点。轻托的动作要领包括如下几点。

(1) 两肩平行,用左手。

(2) 上臂垂直于地面,下臂向前抬起与地面平行,上臂与下臂垂直。

(3) 手掌掌心朝上,五指张开,指实而掌心虚。大拇指指端到手掌的掌根部位和其余四指托住盘底,手掌自然形成凹形,掌心不与盘底接触,如图1-1所示。

(4) 手肘离腰部15厘米。

(5) 右手自然下垂或放于背后。

2. 重托

重托又称肩上托,是托载较重的菜点、酒和盘碟的方法,重托的重量一般在5000克以上。重托的动作要领包括如下几点。

(1) 左手向上弯曲臂肘的同时,手掌向左向后转动手腕180°至左肩上方。手掌略高出肩2厘米,五指自然分开,用五指和掌根部控制托盘的平衡。

(2) 托盘的位置以盘底不压肩,盘前沿不近嘴,盘后不靠发为准。

(3) 手应自然下垂摆动或扶住托盘的前内角,如图1-2所示。

图1-1 轻托

图1-2 重托

目前,为了安全省力,餐饮企业一般不采用重托盘,多用小型手推车递送重物。虽然如此,重托仍应作为服务员的基本技能加以练习,以备应用。

小知识

托盘在西餐服务中的使用频率要低于中餐服务,这是因为西餐服务更讲究服务人员的服务技巧、个人风采,所以许多操作动作都是徒手进行的。为了使服务更具观赏性,西餐服务特别注重在少用服务器具的前提下，用灵活的双手完成。

1.1.3 托托盘行走的方法

1. 托托盘行走的步伐

托托盘行走的步伐通常可分为常步、快步、碎步、垫步等。常步即常用步伐，指步距均匀、快慢适中的步伐。快步是急行步，步距较大，步速较快，但又不能变为跑步。碎步是小快步，步距小，步速快，上身保持平稳。垫步是当需要侧身通过时，左脚侧后一步右脚跟一步，一步紧跟一步。

2. 托托盘下蹲

正确的做法是上体保持托盘姿势，下体采用交叉式或高低式蹲姿。要注意，无论采用哪种下蹲方式，左脚均在前，这样才不至于使托盘挡住视线，看不到掉在地上的物品。

3. 甩盘

这个动作是在托盘靠近客人，为客人撤换餐具时用得最多的一个动作，目的是为了避免托盘碰到客人的头部。动作要领：伸出右脚踩在两个椅子之间，移动重心到右脚，同时以手肘为轴心，托盘由胸前平行移动至胸左侧，右手拿取餐桌上的物件。做这个动作时，要求服务员要保持左手托盘的平衡，尤其是托盘上的物件较高且重心不稳或盛器内有汤汁时。

小思考题

1. 为什么托托盘必须用左手？

答：通常需要右侧通行，服务人员左手托托盘可在与他人相遇时，有较大空间移动托盘，防止托盘翻落。

2. 为什么托托盘时手肘不能靠着腰部？

答：手肘与身体分离方便移动托盘。

1.1.4 托盘操作的步骤及注意事项

1. 理盘

根据所托物品选择好托盘，洗净、擦干，使用非防滑托盘应在盘内垫上干净的餐巾或专用托盘垫布。整理好的托盘应整洁美观，每使用一次托盘都应及时清理盘内杂物。

2. 装盘

根据物品的形状、体积和使用的先后顺序合理装盘。装盘的4项原则：将较重的、较高的物品摆放在内侧(靠近身体的一侧)；将较轻的、较低矮的物品摆放在外侧；将先用的物品摆放在前面或上面；将后用的物品摆放在里面或下面。

3. 起盘

在一般的平台上装盘后，用右手将托盘拉出台面1/3，脚一前一后站立，上身前倾，左手托住盘底,掌心位于底部中间,右手协助将托盘托起。假如托盘较重,则先屈膝,再双腿用力使托盘上升而不是直接用臂力,最后用左手掌托住盘底,右手协助起盘。

4. 卸盘

若是轻托,卸盘时,由于盘中物件减少,重心发生转移,所以要随时移动托盘在左手上的重心点,使左手托盘保持平衡。若是重托必须先放在落菜台上或其他空桌上,再徒手端送菜盘上菜或其他物品上桌。如果托盘上装有重物卸盘时需注意,不能用力过猛,应当先将托盘前端1/3放在台面上,再将整个托盘推进去放好,这个动作刚好与起盘相反。

5. 托盘安全

托盘操作姿势要正确,保护好腕部、腰部;托托盘时要量力而行,不要勉强,宁可多走几次也要保证安全。

情景案例

Rose是新入职的餐饮部员工,服务于宴会部。Rose认为托盘操作看看就能会,根本没掌握托盘的正确使用方法。宴会的第一道菜是冷盘,盘子是直径为25厘米的大餐盘,要由服务人员托餐盘绕餐厅一周后,站定在每张桌前,等主持人讲完话后再放在餐桌上。Rose在主持人讲话当中将餐盘摔在了地上,声音很大,打断了主持人的讲话,所有宾客都看向她。Rose脸腾地一下就红了,恨不能找个地缝钻进去。

分析:

托盘的使用是为了提高服务人员的工作效率、降低劳动强度。规定操作方法的初衷是使操作更便利、更省力并能够保护操作者不受伤害。Rose没有经过负重练习,托盘操作不当使得手、腕、臂受力不合理,导致了这次严重的后果。

处理方法:

向宴会主家道歉;对Rose进行处罚;记入档案;以此事件作为经验教训,加强员工基本技能培训。

思考题:

为什么饭店要求员工不论学历多高,都要从基层做起?

【知识检验与能力实训】

1. 左手负重练习,时间逐渐延长,重量逐渐增加。
2. 练习托盘操作的方法。
3. 练习托盘操作的步骤。

学习目标

> 1. 掌握各种酒水的餐前准备工作。
> 2. 掌握斟酒的方法、要领、顺序。

> 3. 掌握各种酒水的服务方式及注意事项。
> 4. 能够灵活、恰当地完成斟酒服务。
> 5. 理解斟酒标准的制定原则。

1.2 斟酒技能

斟酒(Pour a Drink)是服务人员替主人为客人斟倒酒水,服务人员掌握斟酒方法和有关知识是做好服务工作的前提。

本节主要介绍餐厅员工需掌握的斟酒相关知识,包括斟酒前的准备工作、餐中的斟酒服务,使学生掌握斟酒技能,能够独立完成对客人的斟酒服务,理解、掌握斟酒标准制定的原则。

1.2.1 斟酒前的准备工作

开餐前,应当事先备齐各种酒水。检查酒水质量,若发现瓶子破裂或有悬浮物、沉淀物,应及时调换。将检查好的酒瓶擦拭干净,分类摆放在酒水服务台或酒水车上。

除此之外,斟酒前的准备工作还包括对酒水温度的处理。服务员需了解餐厅常用酒水的最佳饮用温度。

1. 冰镇(降温)

(1) 冰镇的目的。许多酒水的最佳饮用温度是低于室温的,如啤酒的最佳饮用温度为4℃~8℃,白葡萄酒的最佳饮用温度为8℃~12℃,香槟酒和有汽葡萄酒的最佳饮用温度是4℃~8℃。因此在饮用前需要对此类酒做冰镇处理,这是向宾客提供优质服务的一个重要内容。

(2) 冰镇的三种方法。①冰箱冷藏法。直接将酒瓶放入冰箱冷藏室。应注意冷藏和冷冻是有区别的,有些酒如啤酒在低于-10℃时,酒液就变得混浊不清了。啤酒和软饮料贮存在接近4℃的温度下较为理想。②冰块冰镇法。冰块冰镇法又包括两种方法,一种是直接将冰块放入酒液中,另一种是将酒瓶插入放有冰块的冰桶中约10分钟,即可达到冰镇的效果。③溜杯。这种方法是用冰块对杯具进行降温处理,常用于调制鸡尾酒。服务员手持酒杯下部,在杯中放入一块冰块,转动杯子,使冰块沿杯壁滑动,以此达到降低杯子温度的目的。

小知识

酒杯的设计是为了让客人更好地品尝酒液。很多酒水的饮用温度低于人的体表温度,例如红白葡萄酒、香槟酒、鸡尾酒等,所以与其相配套的杯子的杯腿较长,在持杯的时候一定要手持杯腿而不能碰杯身。

2. 温烫(升温)

(1) 需要温烫的酒的种类。需要在常温以上饮用效果更佳的酒，如黄酒、加饭酒、日本清酒以及某些鸡尾酒。

(2) 温烫的4种方法。①水烫：将酒液倒入温酒壶，放入热水中，以水为媒介的加热方法。②烧煮：将酒液倒入耐热器皿，直接放置于火上的加热方法。③燃烧：将酒液倒入杯中，将杯子置于酒精液体内，点燃酒精加热的方法。④注入：将热饮注入酒液或将酒液注入热饮中升温的方法。

水烫和燃烧一般是当着客人的面进行操作的。

小知识

黄酒经过长时间的陈酿，酒液会更加香醇，同时也会产生一些有害的物质，这些物质的沸点很低，稍一加热就可清除，故此黄酒在饮用前一定要加热。

1.2.2 餐中的斟酒服务

1. 示瓶

当客人点完酒之后，就进入斟酒程序，示瓶是斟酒服务的第一道程序，它标志着服务操作的开始。示瓶是向客人展示所点的酒水。服务人员站在点酒客人的右侧，左手托瓶底，右手扶瓶颈，酒标朝向客人，让客人辨认。这样做的目的有两个，一是对客人表示尊重，请客人确定所点酒水无误；二是征询客人开酒瓶及斟酒的时间，以免出错。

2. 开瓶

(1) 正确选择开瓶器。对不同的瓶盖装置需使用不同的开酒器具。酒瓶的封口通常有瓶盖和瓶塞两种。对金属锯齿牙口式瓶盖，用扁平开酒器，对木质瓶塞可用螺旋式或翼式开酒器。正确选用开酒器可以快速、完整地打开酒瓶。

(2) 开瓶时动作轻缓，尽量减少瓶体的晃动。开启软木塞瓶盖时，如出现断裂危险，可将酒瓶倒置，利用酒液的压力顶住软木塞，同时再转动酒钻拔出软木塞。

(3) 开启瓶塞后，要用干净的布巾擦拭瓶口，如软木塞发生断裂，还应擦拭瓶口内侧，以免残留在瓶口的木屑顺着酒液被斟入客人的酒杯中。开启瓶塞后检查瓶中酒液是否有质量问题，可以通过嗅闻瓶塞插入酒瓶部分的气味是否正常来判断。

(4) 随手收拾开瓶后留下的杂物。开瓶后的封皮、木塞、盖子等杂物，不要直接放在桌面上，应养成随手收拾的好习惯。

3. 斟酒技术要求

(1) 斟酒的姿势与位置。斟酒一般分为徒手斟酒和托盘斟酒。

① 站位。站在客人的身后右侧，右脚前跨，踩在两椅子之间，重心移至右脚，身体微前倾，两脚呈T字形站立。

② 手位。面向客人用右手斟倒酒水。右手持酒瓶的下半部，商标朝向客人，右手持

瓶靠近杯口,但不能靠在杯口上。徒手斟酒时,左手持干净的餐巾布并背于身后,每斟倒一次擦拭一次瓶口;托盘斟酒时,左手托托盘,斟酒时托盘的左手自然拉开,距离椅背一定距离,注意掌握好托盘的重心。

(2) 斟酒要领。斟倒时瓶口距离杯口2厘米,将酒液徐徐注入酒杯内,当杯中酒斟倒适度时控制流量,然后向上抬起小手臂,并将瓶身旋转100~180°收瓶,做到不滴不洒、不少不溢。注意抬起小手臂时不要碰到旁边客人,收瓶时要靠近身体一侧。斟酒要领如图1-3所示。

图1-3　斟酒要领

小思考题

1. 为什么斟酒的时候,瓶口要与杯口有一定距离?

答:瓶口与杯口分开一定距离,一方面,防止酒瓶碰倒酒杯;另一方面防止交叉污染,满足客人对卫生的需求。

2. 为什么斟倒够量后要在杯口上方转动酒瓶瓶口?

答:转动瓶口,目的是使瓶口的酒液留在瓶口,即使掉落也落在杯中,不污染桌布或客人的衣服。

(3) 斟酒量的控制。白酒的斟酒量为八成,红葡萄酒斟1/2杯,白葡萄酒斟2/3杯,威士忌等斟1/6杯为宜。香槟会起泡沫,所以分两次斟倒,先斟1/3杯,待泡沫平息后再斟1/3,共斟2/3杯。啤酒同样分两次斟倒,斟倒完毕时,酒液占八分,泡沫占两分为最佳。

若酒不够客人斟倒一轮,要根据实际情况将酒水均匀分配给各位客人。酒瓶中的酒液不能全部倒空,要留有半杯的量,并询问主家是否再开一瓶。

(4) 斟酒的顺序。①中餐宴会斟酒的时间及顺序。中餐宴会一般是从主宾开始、按顺时针方向进行斟酒服务,也可根据客人需要从年长者或女士开始斟倒。正式宴会一般提前5分钟,由服务员将烈性酒和葡萄酒斟倒好,当客人入座后再斟倒饮料。若是两名服务员同时操作,则一位从主宾开始,另一位从主宾对面的副主宾开始,均按顺时针方向进行。②西餐宴会斟酒顺序。西餐用酒较多也较讲究,比较高级的西餐宴会一般要用7种酒,菜肴和酒水的搭配必须遵循一定的传统习惯,菜肴、酒水和酒杯的匹配都有严格规定。西餐宴会应先斟酒后上菜,斟酒的顺序是先宾后主,女士优先。

情景案例

一日,某店来了几位宾客。服务员Vivi An为客人服务,托盘斟酒的时候,Vivi An不小心将托盘撞在了一桌中年龄最大的老爷子的头上。老爷子倒是没说什么,但孩子们很不高兴,责问Vivi An:"你怎么回事?撞到了别人怎么都不道歉?"Vivi An生硬地说:"对不起!"然后放下酒瓶转身走了。这下更激怒了这一家人,马上叫来了经理,站起来和经理理论。经理诚恳地向老先生道了歉,但孩子们还是不满意,最后经理答应给客人打8.8折,客人才坐回了座位上。

分析:

托盘斟酒时,托盘应与客人的椅背有一定的距离,防止托盘碰到客人或酒水洒在客人身上。本案例中的Vivi An托盘距离客人太近,碰到了客人,本身操作存在失误。向客人道歉的时候还心存不满,把个人的情绪带到工作中来,是工作中的大忌。

处理方法:

Vivi An和经理向客人道歉;加强技能培训;关注服务员的心理;纠正Vivi An错误的服务思想。

思考题:

分析工作中情绪管理的重要性。

【知识检验与能力实训】

1. 练习斟酒方法。
2. 收集各种与酒相关的知识。

学习目标

1. 了解餐巾的类型和餐巾折花的作用。
2. 掌握餐巾折花的技法与要领。
3. 掌握餐巾折花的摆放原则。
4. 能够根据宴会主题、客人身份选择餐巾花型。
5. 掌握各种花型的名称与寓意。

1.3 餐巾折花

餐巾(Napkin)又称口布,随着西餐在我国逐渐流行而在各种宴会、酒席中广为使用。

由于餐巾在美化席面、渲染宴席气氛、清洁卫生等方面有很好的作用，已成为宴会酒席中不可缺少的既有实用价值又有观赏价值的摆设。

本节主要介绍餐巾的作用与种类、折花的基本手法、花型的基本要求及花型的选择与运用，使学生掌握折花的方法以及各种花型的名称、寓意，并能够根据宴会主题、宾客身份选择合适的花型。

1.3.1 餐巾的作用与种类

1. 餐巾的作用

(1) 餐巾是一种卫生用品。宾客可把餐巾放在膝盖上，防止汤汁油污弄脏衣裤。具体方法：将餐巾对折成长方形或三角形，开口向外放在膝盖上或将餐巾一角压在餐碟下方，下垂部分盖住膝盖。餐巾可以用来擦嘴、擦手，但不可擦餐具。

(2) 餐巾折花可以美化桌面。餐具多为瓷器、玻璃器皿，给人冰冷的感觉。服务员用不同颜色的餐巾折出栩栩如生的花、鸟、鱼等，摆在餐桌上既可以美化餐桌，又能给宴会增添热烈的气氛。

(3) 餐巾折花是一种无声的语言，用来表达宴会主题。餐巾折出来的不同花型暗喻不同的祝福语言，突出、映衬不同的宴会主题，可以代主人向客人表达美好的祝愿，有沟通宾主之间感情的作用。

(4) 餐巾折花可表明宾主的座次，体现宴会的规格和档次。主人的花型高大醒目，主宾的花型独特，为客人指明了座次。雅致漂亮、复杂的花型适用于规格高的宴会；简单的花型常用于普通宴会。

小知识

餐巾的使用最早出现在古罗马时期，当时为了擦拭方便，去餐厅就餐的客人大多自带餐巾。后来，餐厅老板为方便客人，向每位客人统一提供餐巾，并逐渐统一餐巾的颜色、尺寸、质地。发展至今，餐厅将餐巾折成各种花型，表达对客人的欢迎及美好的祝愿。

2. 餐巾种类的选择

(1) 餐巾质地的选择。餐巾的质地包括全棉、亚麻和绸缎三种。全棉质地的餐巾，吸水性强，折花容易成型，但造价比亚麻质地的高，使用过程中容易起皱；亚麻质地的餐巾颜色不够鲜亮，吸水性差；绸缎质地的餐巾颜色鲜亮，但吸水性差，折花成型困难。

(2) 餐巾规格的选择。餐巾一般以50～65厘米见方较为适宜。餐巾尺寸要根据成型后花型大小、餐桌的尺寸、餐碟的大小进行选择。

(3) 餐巾色彩的选择。可根据餐厅的整体风格进行选择，力求和谐一致。白色餐巾给人素洁之感；红色、鹅黄、粉红等暖色系列给人热闹之感，还可刺激人的食欲；咖啡色、紫色等给人高贵之感。有一定主题的宴会配上适当色彩的餐巾，能起到锦上添花的效果。

1.3.2 餐巾花型的基本要求及分类

1. 餐巾花型的基本要求

餐巾花的样式繁多，但基本要求是简单美观、使用方便、挺括生动、形象逼真。

(1) 简单美观、使用方便。餐巾折花要求美观大方、简单实用、方便拆开。如果折花过程过于复杂，一则不卫生，二则在使用的时候皱纹太多，反而影响美观。

(2) 挺括生动、形象逼真。用餐巾折出的花、鸟、兽等造型要求形似神随，挺括有生气，简洁明了，让人一眼就能辨认出来，不能粗糙、散乱，让人感到似是而非、牵强附会。

2. 餐巾花的种类

(1) 按摆放位置分类。餐巾花的种类繁多，按摆放位置可分为杯花和盘花两种，如图1-4和图1-5所示。

① 杯花。杯花需插入杯子中才能完成造型。杯花造型丰富，折叠手法也较盘花复杂。杯花打开后形成的褶皱较多，会给客人不洁净的感觉。目前各酒店不常使用这种花型，但因其花型种类多、美观，在重要场合会作为观赏花型使用。

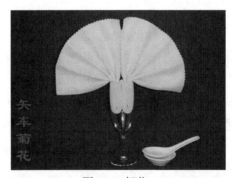

图1-4　杯花

② 盘花。盘花放于盘中或其他盛器上。盘花造型简洁大方，美观实用，所以现在高级酒店多采用盘花。

图1-5　盘花

(2) 按造型分类。按造型餐巾花可分为植物类、动物类、实物类三种。

① 植物类。餐巾花型如荷花、月季花、茨菇叶、芭蕉叶等。

② 动物类。餐巾花型如鸟、鱼、兽等。要想将花型要做得形象逼真，需反复练习。

③ 实物类。实物类是模仿日常生活中各种实物形态折叠而成，如立体扇面、皇冠等。

1.3.3 餐巾折花的技法与要领

餐巾折花的技法种类繁多，归纳起来，主要有9种：叠、推、卷、穿、攥、翻、拉、掰、捏。不论哪种技法都要求一次成型，不可重复操作，不能使用手以外的其他人体器官进行操作。

1. 叠

叠是最基本的餐巾折花技法。叠就是将餐巾一折为二、二折为四或者折成三角形、长方形等几何图形。叠的动作要领：一次叠成、避免反复，否则餐巾上会留下折痕，影响造型的挺括美观。

2. 推

推是打折时运用的一种技法，就是将餐巾折成褶裥的形状，使花型层次丰富、紧凑、美观。推的动作要领：用双手的拇指、食指分别捏住餐巾两头的第一个褶裥，两个大拇指相对成一线，指面向外；两手中指按住餐巾，并控制好下一个褶裥的距离；拇指、食指的指面握紧餐巾向前推折至中指外；用食指将推折的裥挡住；中指腾出控制下一个褶裥的距离；三个手指相互配合，使褶裥均匀整齐。

推又可分为直线推折和斜线推折，斜线推折时用一手固定所折餐巾的中点不动，另一手按直线推折法围绕中心点进行圆弧形推折，其指法与直线推折相同。

3. 卷

将餐巾卷成圆筒形并折出各种花型的一种手法。卷可分为平行卷和斜角卷两种。卷的动作要领：平行卷时，餐巾两头一定要卷平；斜角卷时要将餐巾一头固定，只卷另一头，或是一头多卷另一头少卷，形成的卷筒一头大一头小。

4. 穿

穿是用工具从餐巾的夹层折缝中间，边穿边收，形成皱褶，使造型更加逼真美观的一种手法。但采用这种手法时，餐巾花散开时会因太多皱纹而影响使用，所以现在用这种方法的越来越少。

5. 攥

为了使叠出的餐巾花半成品不易脱落走样，一般用左手攥住餐巾的中部或下部，然后用右手操作其他部位。

6. 翻

翻是在折叠过程中，将餐巾折、卷后的部位翻成所需花样，以构成花、叶、鸟翅、动物头等形状。

7. 拉

拉是在翻的基础上，为使餐巾造型挺直而采用的一种技法。如折鸟的翅膀、尾巴、头颈、花的茎叶等时，通过拉的技法可使餐巾的线条曲直明显、花型挺括而有生气。

8. 掰

制作餐巾花时，将餐巾叠好的层次，按顺序一层一层掰出来。例如富有立体感的月季花，就是采用这种技法。

9. 捏

这种技法主要用作鸟的头部的折叠。动作要领：先将餐巾的一角拉挺直作颈部，然后用一只手的大拇指、食指、中指三个指头捏住颈部顶端，食指在上，将餐巾角尖端向下压，中指与大拇指在下，将压下的餐巾角捏紧，最后捏成尖嘴状，即可作为鸟的头部。

小思考题

为什么大多数餐厅的日常服务折的餐巾花型都很简单？

答：餐巾的首要功能是清洁。简单的花型，手接触餐巾的频率低，打开后褶皱少，客人感觉更卫生。在宴会中，为突出宴会的主题及对客人美好的祝愿，要选择既符合主题，又尽量简单的花型。

1.3.4 餐巾花型的选择与运用

1. 根据宴会的主题确定餐巾花型的类别、总体造型特点

婚宴宜选择并蒂莲、鸳鸯、喜鹊等造型的餐巾花，不宜选择扇子，因为"扇"的谐音为"散"；寿宴宜选择仙鹤、寿桃等餐巾花型，不宜选用吊钟花、菊花等餐巾花型。

2. 根据宴会的规模来选择餐巾花型

一般大型宴会选用造型简单、美观的餐巾花型，小型而规格高的宴会可选用造型较为复杂且形象逼真的餐巾花型。

3. 根据宾客身份、宗教信仰、风俗习惯和爱好选择餐巾花型

各国宾客对花的喜好：泰国人喜欢睡莲，美国人喜欢山茶花，英国人喜欢蔷薇，法国人喜爱金百合花，俄罗斯人喜欢蝴蝶花。对花的禁忌：法国人忌讳黄色的花，巴西人忌讳紫色的花，英国人忌讳白色的花。

4. 根据宾主座位的安排选择餐巾花型

宴会主人座位上的餐巾花称为主位花。因为宴会需要突出主位的尊贵，所以主位应选择有高度的、美观而醒目的花型。主宾位的花型应该与众不同，以示尊重。整个席面的花型应美观、错落有致。

情景案例

Lily负责中餐厅包房的服务，在折餐巾花时，由于打折太多造成花形下部较厚，费了很大力气才将餐巾花插入杯中。客人落座后，取用餐巾时将杯子带落到地上，玻璃碎片划破了客人的脚踝。

(资料来源：http://mp.weixin.qq.com/s?__biz=MzIwNzA5OTc2MA%3D%3D&idx=1&mid=2649006355&sn=f

分析：

折餐巾花时，一定要方便客人拆用。Lily在服务中使用的是杯花，杯花最常使用的技法是打折，但打折的数量不能太多，否则口布太厚，不容易插入杯中，也不方便客人取用，还会使餐巾形成很多褶皱，给客人留下不整洁的印象。

处理方法：

询问客人是否要去医院包扎，若不需要，要为客人处理伤口提供方便；要向客人道歉并赠菜品；记入档案，做培训案例。

思考题：

制定服务操作标准、要求的目的是什么？

【知识检验与能力实训】

1. 练习餐巾折花的基本操作方法。
2. 练习各种花型的折叠方法。
3. 收集各种餐巾花花型，了解花型名称、寓意及适用的场合。

学习目标

> 1. 掌握铺台布的类型及方法。
> 2. 掌握铺台布操作应注意的事项。
> 3. 掌握中餐摆台的原则、标准、方法。
> 4. 掌握西餐摆台的顺序、操作要领。
> 5. 掌握不同类别西餐的摆台方法。

1.4 摆台

摆台(Setting)是为客人就餐摆好餐桌，确定席位、提供必需的餐具的工作，包括餐桌的布局、铺台布、安排席位、准备餐具、摆放餐具、美化席面等，是餐厅服务中一项要求较高的技能。

本节主要讲解中西餐摆台的要求和程序，使学生掌握摆台设计的原则，在熟练操作的基础上，能够根据不同餐厅的实际情况设计摆台的程序、标准。

1.4.1 摆台的基本要求

(1) 操作卫生。手接触餐具的面积要尽量小。手不可接触餐碟中心；带杯腿的杯子，只可持杯腿，圆筒状杯子只可持杯子下1/3处；汤匙只可持匙柄；餐具落地不可再摆放在餐桌上。

(2) 铺台布的方法正确，餐位安排有序，台面设计合理，餐具距离均匀，位置准确，成形美观，图案对正，小件餐具等的摆设配套、齐全、整齐一致。

(3) 餐桌摆台要做到既有利于席间服务，还具有艺术性。

摆台可分中餐摆台和西餐摆台两类。

1.4.2 中餐摆台

中餐摆台主要依据餐厅规格和就餐的需要选择相应的餐具来摆设，各地区不同饭店中的中餐摆台都大同小异。中餐摆台的基本原则是依据客人的用餐习惯摆放餐具，要求操作卫生，摆放整齐，方便取用。

1. 摆台用具

摆台的餐具数量、种类要根据菜品的种类而定。摆台用具主要包括瓷器和玻璃器皿。瓷器主要包括餐碟、餐碗等，玻璃器皿主要包括各种杯具，此外，餐桌上还有台布、餐巾和小件物品。

1) 瓷器

(1) 餐碟(也称骨碟、渣盘)。是进餐中吃冷、热菜和放骨、刺等用的盘子，一般选用直径15厘米左右的圆盘。

(2) 衬盘(垫盘)。放在餐碟下面的衬盘，主要起美观台面的作用，一般用于高级宴会。衬盘的颜色和款式较多，制作材料有金属、瓷器、水晶、有机玻璃等。传统中餐并不使用衬碟，随着中西餐服务方式的融合，餐饮企业常使用衬碟来彰显餐厅、宴会的高档。

(3) 汤碗。用来盛汤或接吃带有汤汁的菜肴，一般选用直径为9~10厘米的小碗。高级、重要的宴席汤碗放在镀金或银器碗托里。

(4) 汤勺。有瓷制的小汤勺，也有金属制的长柄汤勺。长柄汤勺主要作公用勺，摆放在筷架上备用。小汤勺用来盛汤、吃甜点或带有汤汁的菜肴，一般摆放在汤碗或味碟里。

(5) 味碟。味碟用于盛放辣酱、豆油、醋、姜汁、芥末等调味品。一般选用直径为7~10厘米的小碟。

(6) 筷架。筷架的作用是将筷子前端架起，避免与桌面接触，保证卫生。筷架有瓷制品、金属制品、木制品等，其形态不一，经过改良的筷架还可放置长柄汤勺，又叫筷子公羹架。

(7) 香巾碟。放置热毛巾的小碟子。香巾碟有瓷制的、水晶的、金属的、竹制的等，形态不一，造型各异。

2) 玻璃器皿

玻璃器皿主要是各种酒具。中餐所使用的酒杯主要是白酒杯、啤酒杯、红葡萄酒杯、白葡萄酒杯、饮料杯等。酒杯的摆放要卫生，种类要根据客人饮用的酒水类别选择。

3) 其他餐具

餐桌上其他餐具包括筷子、烟缸、牙签、餐巾、台布等。应根据餐桌的大小选择合适尺寸的台布，根据场合、客人的特点选择不同颜色、花型的餐巾，筷子应放在筷架上方便客人取用，烟缸、牙签筒的摆放数量根据客人需要决定。

2. 中餐零点摆台

中餐便餐有两种形式，一种是包餐，另一种是零点。包餐标准固定、人数固定、餐桌固定，一般是10人一桌，座位无主次之分。零点则不固定桌次，由客人任选座位，入座后按菜单点菜。中餐便餐摆台分早餐、午餐、晚餐摆台。

1) 摆台前的准备

(1) 认真洗净双手，尤其是手尖、手指甲。

(2) 根据餐桌类型，领取各类餐具、台布、桌裙等。

(3) 用干净的布巾擦亮餐具和各种玻璃器皿，要求无任何破损、污迹、水迹、手印等。

(4) 检查台布是否干净，是否有褶皱、破洞、油迹、霉迹等，不符合要求应进行调换。

(5) 折足够数量的餐巾花以备用。

2) 铺台布

(1) 铺台布的基本要领。服务员站在主位一侧，用双手将台布抖开铺在桌面上。台布正面向上，中心线对准主位、副主位，十字中心点居于餐桌正中心，台布4角下垂分布均匀，若是圆台布则台布边缘与地面距离相等。铺好的台布应舒展平整，同一餐厅所有餐桌台布的折缝要横竖统一。然后再将转圈和转盘放于中心点上。

(2) 换台布。换台布是将脏台布撤下的同时，将干净台布迅速地铺到台面上的一种做法，目的是不让台面裸露在客人面前。下面介绍一下当台面上有玻璃转盘时换台布的方法。服务员站在主位一侧，首先将脏台布收拢至转圈处，然后掀开转盘取出转圈移置于餐台一边，再移动转盘放于转圈上，收起脏台布，接着采用铺台布的方法将干净台布铺上后，将转盘上的台布掀开，一手掀台布一手取转圈放于台布中央，随后双手将转盘立于桌面，滚动放于转圈上，拉好台布，最后，检查转盘的转动是否灵活，电池是否需要更换，有无摆动、杂音等，检查完毕后开始摆台。

3) 摆台

(1) 早餐摆台。中式早餐摆台比较简单，一般是将骨碟摆在座位正中，距桌边约1厘米；汤碗或小饭碗摆在骨碟左侧；筷子装在筷套内摆在骨碟的右侧；汤勺摆在汤碗内，勺把朝同一方向，如图1-6所示。

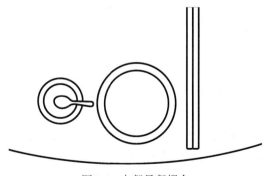

图1-6 中餐早餐摆台

(2) 午、晚餐摆台。中餐午、晚餐摆台与早餐摆台基本相同，只是在餐碟前面加放一个水杯，将叠好的餐巾花摆在餐碟内或插放在水杯中。摆放时，要求桌面上各种餐具、用具摆放有条理、整齐、一致、美观大方，如图1-7所示。

图1-7　中餐午、晚餐摆台

(3) 粤菜零点摆台。粤菜是我国很有影响的菜系之一，全国各大城市的粤菜酒楼比比皆是。粤菜零点摆台与一般午、晚餐摆台有所不同，其摆台方法是：骨碟摆放在座位正中，距桌边约1厘米；筷子装在筷套内摆在骨碟右侧；骨碟左前方摆放小汤碗，小汤勺摆放其中，勺柄朝同一方向(左或右)；骨碟右前方摆放味碟，味碟与汤碗的上方，同时也是骨碟与转盘中心点连线上摆放水杯；筷子右边放茶盘和茶杯，杯柄朝右；餐巾花放在骨碟中，如图1-8所示。

图1-8　粤菜零点摆台

虽然国内各地区和各菜系的习惯各不相同，各企业的服务规范各异，摆台方法也不尽相同，但从总体上看，基本摆法是大同小异的。

3. 中餐宴会摆台

(1) 座次的安排。宴会座次安排即根据宴会的性质、主办单位或主人的特殊要求，根据出席宴会的宾客身份确定其相应的座位。座次安排必须符合礼仪，尊重风俗习惯，便于席间服务。

宴会座次安排的一般原则是：主人坐在厅堂正面，对面坐副主人，主人右侧坐主宾，左侧坐第二宾；副主人右侧坐第三宾，左侧坐第四宾，其他座位坐翻译和陪同人员，如图1-9、图1-10、图1-11所示。

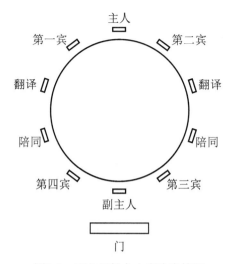
图1-9　两位同性主人座次安排图

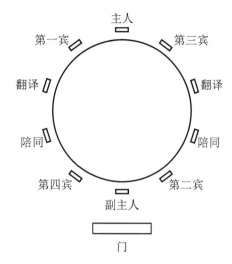
图1-10　两位异性主人座次安排图

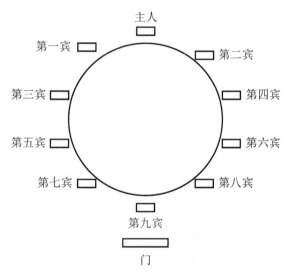
图1-11　一位主人座次安排图

(2) 摆台前的准备。摆台前的准备工作与便餐摆台前的准备工作相同。

(3) 铺台布、放转盘、围桌裙、配餐椅。①中餐宴会一般使用直径为180厘米的10人圆桌，台布选用240厘米的方台布或圆台布。②玻璃转盘摆在桌面中央的转圈上，检查转盘是否能正常工作。③规格较高的宴会还要在圆桌外沿围上桌裙。④按宴会出席人数配齐餐椅，以10人一桌为例，一般餐椅位置为三三、两两，即正、副主人侧各放三张餐椅，另两侧各放两张餐椅，椅背要在一条直线上。

(4) 摆餐具。摆放餐具一律使用托盘，左手托托盘，右手戴手套拿餐具。

① 骨碟定位。骨碟10个一摞放在托盘上，从主人座位处开始按顺时针方向依次摆放，要求碟边距离桌边1.5厘米，骨碟与骨碟之间距离均匀，若碟子印有店徽等图案，图案要正面示人。

② 摆放小汤碗、小汤勺和味碟。在骨碟中心点与转盘中心点的连线两侧，左侧摆放小汤碗，汤勺放在汤碗中，勺柄朝左，右侧摆放味碟，汤碗与味碟之间相距2厘米，横向直径在一条直线上。

③ 摆放筷架、长柄汤勺、筷子。在小汤碗与调味碟横向直径右侧延长线处放筷架、长柄汤勺、袋装牙签和筷子，勺柄与骨碟相距3厘米，筷套离桌边1.5厘米，并与骨碟纵向直径平行，袋装牙签与长柄汤勺末端平齐。

④ 摆放玻璃器皿。在骨碟中心点与转盘中心点的连线上，汤碗和味碟的上方摆放葡萄酒杯，葡萄酒杯的左侧摆放饮料杯，饮料杯与汤碗之间的距离为1.5厘米，葡萄酒杯的右侧摆放白酒杯，三杯呈一条直线并按左高右低的顺序排列，三杯之间的距离相等，为1.5厘米。三杯横向直径的连线与汤碗、味碟横向直径的连线平行。

⑤ 摆放烟灰缸、火柴。在正、副主人杯具的右前方各摆放一只烟灰缸，其余位置可酌情摆放。烟灰缸的上端与杯具在一条线上，烟灰缸的边缘有三个烟孔，摆放时一个朝向主人另一个朝向主宾。有的餐厅为每人准备一个烟灰缸。烟灰缸的边缘摆放火柴，正面朝上。

⑥ 摆餐巾花。若选用杯花，需提前折叠放置杯具内，侧面观赏的餐巾花，如鸟、鱼等头部朝右摆放。注意把不同样式、不同高度的餐巾花搭配摆放，主人位上要摆放有高度的花型。

⑦ 摆公用餐具。在正、副主人杯具的前方，各摆放一个筷架或餐盘，将一副公用筷和汤勺摆放在上面，汤勺在外侧，筷子在内侧，勺柄和筷子尾端向右。

⑧ 摆放宴会菜单、台号、座卡。一般10人桌放两份菜单，正、副主人一侧各摆放一份，菜单底部距桌边1厘米。高级宴会可在每个餐位放一份菜单。

⑨ 摆插花。转台正中摆放插花或其他装饰品，以示摆台的结束。中餐宴会摆台如图1-12所示。

(5) 摆台后的检查工作。摆台后要检查台面餐具有无遗漏、破损，餐具摆放是否符合规范，餐具是否清洁光亮，餐椅是否配齐。

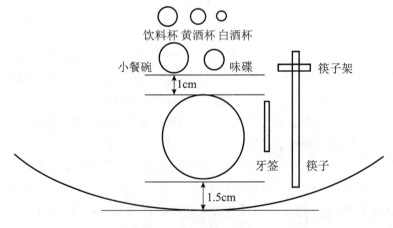

图1-12 中餐宴会摆台

不同地区、不同餐饮企业的中餐摆台方法存在一定的差别，但方便顾客就餐、有利于餐中服务的原则是相同的。

小知识

在现代餐饮服务中，中西餐服务方式逐渐融合。中餐中大量使用的垫碟，就来自于西餐服务。垫碟是西餐的餐具，有美丽的花边，能提高宴会的档次，但垫碟的使用会增加个人的就餐面积，使餐桌的客容量减少。

小思考题

为什么中餐宴会摆台中，餐碟摆放相对其他餐具摆放速度慢呢？

答：餐碟又称定位碟，在中餐摆台中起到定位的作用，关系餐具摆放是否整齐、匀称，因此，摆放时定位要准，摆放完成后要绕台检查摆放是否均匀。

1.4.3 西餐摆台

西餐与中餐因就餐方式不同，所以摆台也不同。西餐摆台也可分为便餐摆台和宴会摆台两种。

1. 西餐零点摆台

1) 摆台前的准备工作

洗净双手；领取各类餐具、台布、桌裙等；用干净的布巾擦亮餐具和各种玻璃器皿，要求无任何破损、污迹、水迹、手印等；检查台布是否干净，是否有褶皱、破洞、油迹、霉迹等，不符合要求应进行调换；折餐巾花。

2) 铺台布、摆餐椅

西餐铺台布前，要先在台面上放上垫布，再在垫布上铺台布。使用垫布可以防止台布滑落打翻餐具。

3) 摆餐具

(1) 西餐早餐摆台。西餐早餐摆台一般是在咖啡厅内提供的，可分为美式早餐、欧陆式早餐及零点早餐等。西餐摆台是根据菜品及用餐的道数来决定餐具的种类及数量。它们的摆台方法略有差异，基本摆法如下所述。

① 餐盘与刀、叉、匙。在餐椅正对处摆放直径为24厘米的餐盘，餐盘离桌沿2厘米，将餐巾花摆放在餐盘上；餐盘的左侧放一把餐叉，叉面朝上，右侧放餐刀，刀口指向餐盘方向，汤匙放在餐刀的右侧，匙面朝上，刀叉距餐盘1.5厘米，餐刀与汤匙之间的距离也是1.5厘米，刀、叉、匙下端在一条直线上，距桌沿2厘米。

② 面包盘与黄油刀。面包盘在餐叉左侧，相距餐刀和桌沿各1.5厘米。黄油刀刀口朝左，摆放于面包盘右侧，与餐叉平行。

③ 水杯。在餐刀正前方3厘米处摆放水杯。

④ 咖啡杯具。在汤匙右侧摆放咖啡杯和咖啡碟，杯把和匙柄朝右。

⑤ 其他。调味盅、牙签筒、烟灰缸等摆放在餐台中心位置上。西餐早餐摆台如图1-13所示。

图1-13　西餐早餐摆台

(2) 西餐午、晚餐摆台。西餐午、晚餐摆台是在早餐摆台的基础上，撤去咖啡杯具，增加茶匙和甜点叉。甜点叉横放于餐盘正上方，叉柄朝左；在甜点叉的上方，与甜点叉平行摆放茶匙，匙柄朝右。西餐讲究吃菜的道数，通常以单数来计算，3道菜、5道菜、7道菜。甜点是最后一道菜，起画龙点睛的作用。所以西餐的午餐、晚餐的餐具多少根据用餐道数而定，甜点刀叉是必备的餐具。西餐午、晚餐摆台如图1-14所示。

图1-14　西餐午、晚餐摆台

2. 西餐宴会摆台

西餐宴会与中餐宴会不同，它一般采用长方形餐桌。摆台时要按照一底盘、二餐具、三酒水杯、四调料用具、五艺术摆设的程序进行。

(1) 座次安排。西餐的座次会因餐会类别的不同而有所区别。

① 一般家庭式西餐宴会的座次安排。主人的座位应正对厅堂入口，便于其纵观全厅。长台两端分别设主人位和副主人位(女主人位)，男女宾客穿插落座，夫妇穿插落座。这样的席位安排只有主客人之分，没有职务之分，如图1-15所示。

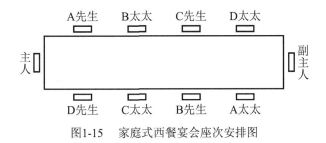

图1-15　家庭式西餐宴会座次安排图

② 正式宴会的座次安排。双方都有一位重要人物参加,那么第一主宾要坐在第一主人的右侧,第二主宾坐在第二主人右侧,次要人物由中间向两侧依次排开。若正式宴会双方首要人物都带夫人参加,法式座次安排:主宾夫人坐在主人右侧,主宾坐在主人夫人右侧,如图1-16所示;英式座次安排:主人夫妇各坐两头,主宾夫人坐在主人右侧位,主宾坐在主人夫人右侧位,其他男女穿插坐,如图1-17所示。

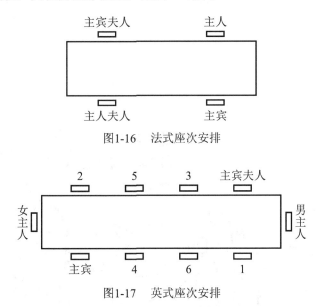

图1-16　法式座次安排

图1-17　英式座次安排

(2) 餐具的准备工作。根据菜品的种类和数量在用餐前摆好餐具。西餐餐具品种较多,每上一道菜就要配上相应的餐具。

(3) 铺台布、摆餐椅。西餐宴会的餐桌一般是使用数张方桌拼接而成的。铺台布的顺序应由里向外铺,目的是让每张台布的接缝朝里,避免进入餐厅的客人看见。铺好的台布要求中线相接,成一条直线,台布两侧下垂部分美观整齐、均匀。

(4) 摆餐具。

① 摆餐盘。与中餐摆台一样,从主人位开始沿顺时针方向在每个席位正中摆放餐盘,注意店徽等图案摆正,盘边距桌沿2厘米,盘与盘之间的距离相等。

② 摆刀叉。在餐盘右侧从左到右依次摆放主餐刀、鱼刀、汤匙、开胃品刀,刀口朝左,匙面向上,刀柄、匙柄距桌沿2厘米。在餐盘左侧从右到左依次摆放主餐叉、鱼叉、开胃品叉,叉面朝上,叉柄距桌沿2厘米。鱼刀、鱼叉要向前突出4厘米。

③摆水果刀叉(或甜品叉)、甜品匙。在餐盘的正前方横摆甜品匙,匙柄朝右。甜品匙的前方平行摆放水果叉(或甜品叉),叉柄朝左。水果叉的前方平行摆放水果刀,刀柄朝右。

④摆面包盘、黄油刀和黄油盘。开胃品叉的左侧摆放面包盘,面包盘中心与餐盘中心在一条线上,盘边距开胃品叉1.5厘米,在面包盘上右侧边沿处摆放黄油刀,刀刃朝左,黄油盘摆放在黄油刀尖上方3厘米处。

⑤摆玻璃杯具。冰水杯摆放在主餐刀顶端,向右依次摆放红葡萄酒杯、白葡萄酒杯,三杯呈斜直线,与水平线呈45°角;如果有第4种杯子则占白葡萄酒杯的位置,白葡萄酒杯顺次向后移动,杯子依然成斜直线,各杯相距1.5厘米。

⑥摆餐巾花。将叠好的盘花摆放在餐盘正中,注意主人位上应放置有高度的盘花,另外注意样式的搭配。

⑦其他。盐瓶、胡椒瓶、牙签筒按4人一套的标准摆放在餐台中线位上。烟缸从主人右侧摆起,每两人之间放置一个,烟缸的上端与酒具在一条线上。菜单每桌最少摆放两张,高级宴会可每座摆放一张。插花或烛台等装饰品摆放在长台的中线上。西餐宴会摆台如图1-18所示。

(5)摆台后的检查工作。摆台结束后要进行全面检查,发现问题应及时纠正,要达到全台看上去整齐、大方、舒适的效果。

图1-18 西餐宴会摆台

情景案例

Frank是刚刚参加实习的大学生,在酒店的中餐厅工作。他为人热情、勤快,同事、领导都很喜欢他。一天,餐厅很忙,翻台率很高,Frank使用在学校学习的摔打式铺台布的方法,快速地铺好了一张10人台。可在之后的服务中,客人频繁抱怨,挑剔服务不佳。请问原因出在哪里?

分析:

摔打式铺台布的方法适用于营业结束、无客人时使用。在客人面前操作,声音很大,客人感觉Frank摔打桌布是对其不尊重，有被驱赶的感觉，故此一再挑剔其服务。

处理方法：

Frank向客人道歉，消除误会并在服务中加强与客人的感情沟通；管理者在培训中，应注重员工对客人心理需求的学习；记入档案，将此事件作为经验教训。

思考题：

如何进行人性化服务，提高客人满意度？

【知识检验与能力实训】

1. 收集西餐服务的相关知识。
2. 收集中西餐就餐习惯的差别。
3. 进行西餐摆台技能训练。

学习目标

> 1. 掌握上菜的位置、方法、时机、顺序。
> 2. 掌握菜品的摆放方法。
> 3. 掌握分菜的工具。
> 4. 掌握分菜的方法。

1.5 上菜及分菜

上菜是服务员按照一定的程序将菜肴托送上桌的一项重要服务环节，也是服务员必须掌握的基本服务技能之一。

本节重点讲解中西餐上菜的位置、方法、上菜的时机、上菜的顺序及如何摆放菜品，使学生能够根据实际情况独立完成上菜服务。

1.5.1 中餐上菜及分菜

1. 中餐上菜

(1) 上菜的位置和方法。中餐宴会的上菜位置一般选择位置最低的两个人中间，这样方便翻译和副主人向来宾介绍菜肴。切忌在主宾和主人旁边上菜，以免打扰他们谈话。每上一道新菜须将其移到主宾面前，以示尊重。注意不要在小孩和老人旁边上菜。当宴会只有一位主人时，下席为卑，上菜口可选在第五宾与陪同之间，如图1-19所示。当宴会主人为两位同性时，宴席座次，如图1-20所示。当宴会主人为两位异性时，上菜口可选在翻译和陪同之间，如图1-21所示。

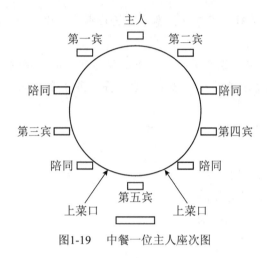

图1-19　中餐一位主人座次图

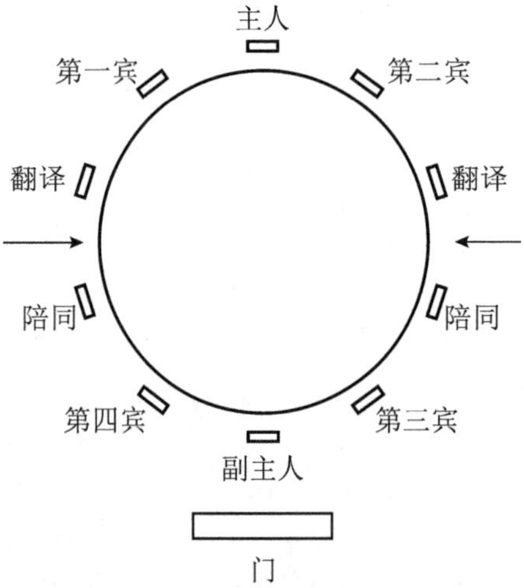

图1-20　两位同性主人座次图 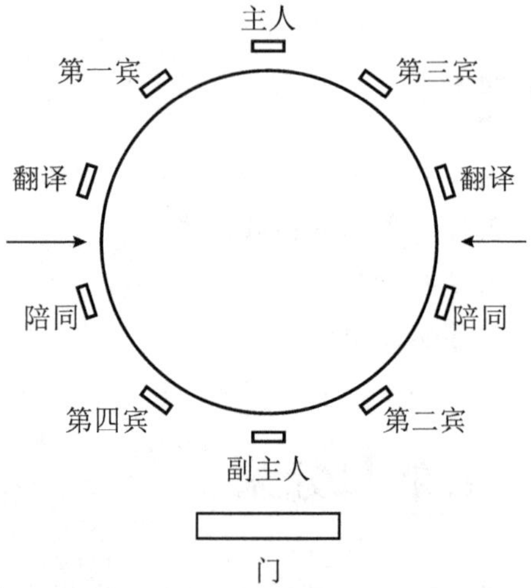　　　　图1-21　两位异性主人座次图

(2) 上菜的顺序。中餐各菜系除粤菜外，其他菜系上菜的顺序一般是冷菜、热菜、主菜、汤、甜点，汤是最后一道菜品；而粤菜较为特殊，顺序是冷菜、羹、热菜、主菜、青菜、甜点，青菜是最后一道菜。

(3) 上菜的时机。当冷菜吃到2/3时，就可以上第一道热菜了，一般热菜应在30分钟内上完。上菜应注意节奏，不可太慢，前一道菜将要吃完时，就要上下一道菜，防止出现空盘空台的现象，使宴会主人尴尬，也不可太快，过快会造成菜肴堆积，影响客人品尝。另外，上菜的过程中可将一些大菜盘剩下的菜肴换小盘装，腾出上菜空间。

(4) 上菜的要领。上菜时服务员要仔细核对台号、品名，防止上错菜。有调料的菜品，先上调料后上菜。上好菜品，退后一步，手指并拢，手尖指向菜品，使用普通话，清楚地报上菜品名。

(5) 摆菜。摆菜的基本要求是讲究造型艺术，注意礼貌，尊敬主宾，方便食用。

① 通常摆放形状为"一中心、二直线、三三角、四四方、五梅花"。即上一个菜时将其摆放在餐桌中心位置，二个菜在餐桌中线两端，三个菜时将其摆放成三角形，四个菜

时将其摆成四方形，五个菜时将其摆成梅花形。新上的菜要放在主人与主宾面前。

② 按照我国传统的礼貌习惯，还应注意"鸡不献头，鸭不献尾，鱼不献脊"。即上菜时，不要把鸡头、鸭尾、鱼脊朝向主宾，应将鸡头、鸭头朝右边。上整鱼时，应将鱼腹而不是鱼脊朝向主宾，因为鱼腹刺少味美，朝向主宾表示尊重。

③ 如果上有图案的菜肴，如孔雀、凤凰等拼盘，应将菜肴的正面朝向主宾，以供主宾欣赏和食用。

2. 中餐分菜

分菜是将菜品均匀分给各位客人，要求动作快、卫生、均匀，分完后餐盘中应留有少量菜品以备客人添用。

1) 分菜的工具

中餐的分餐工具一般比较简单。分鱼类、禽类的菜肴时，一般使用刀、叉、勺；分炒菜类菜肴时，可使用叉、勺和筷子；分汤羹类菜肴时，可使用长柄汤勺和筷子。

2) 分菜的方法

(1) 叉、勺分菜法。将菜肴端至餐桌上，示菜并报菜名，然后将菜取下，左手用口布托菜盘，右手拿分菜用的叉和勺，从主宾右侧开始，按顺时针方向绕台进行分菜。

(2) 餐桌分菜法。餐桌分菜法是提前将干净的餐盘或汤碗有次序地摆放在餐桌上，示菜并报菜名后，服务人员当着客人的面将菜肴分到餐盘或汤碗中，随即转动转盘，服务人员从主宾位开始，按顺时针方向将分好的菜肴放到客人面前。

(3) 服务台分菜法。服务台分菜法的难度较低，即示菜报菜名后，征得客人同意，将菜肴从餐桌上撤下，端回服务台上将菜肴迅速分到餐盘中，然后用托盘从主宾右侧开始，按顺时针方向托送。

小思考题

为什么分菜不一次性分完，餐盘中要留有一定量的菜品呢？
答：① 让客人感觉菜品量充足；② 以备客人添加。

3) 几种特殊菜的上菜及分菜

(1) 火锅。火锅由于其自烹自食，又能制造轻松气氛的特点，近年来受到广大宾客的欢迎。它的上菜及分菜方式比较特殊，具体操作如下所述。

① 火锅上桌前应检查是否已添加燃料，上桌时注意安全，避免烫伤客人。

② 先将配菜摆上桌，随即将火锅奉上，点火加热底汤。

③ 待汤煮沸后，揭开盖子，将配菜按先荤后素的顺序逐一下锅，然后再盖上盖子。将每位客人的汤碗准备好，排列在火锅周围待用。

④ 待食物煮熟后，服务人员应按顺序分派到汤碗内，分菜时应荤素搭配。

注意：当汤不够多时应及时增添，防止糊锅现象；撤下火锅时，服务员应先将火熄灭，再轻轻撤下，注意安全。

(2) 拔丝类菜肴。在上拔丝类菜肴前，应先为客人上冷开水、木质公筷。上拔丝类菜肴要求速度快、动作敏捷，以防糖胶变硬，影响菜品的口感。分菜时，用木质公筷将菜品夹起，立即放在前面的冷开水中冷却后分给客人。

(3) 鱼类菜肴。分全鱼时，服务员应左手持餐叉按住鱼头，右手持餐刀顺着鱼脊从头划到尾，再将鱼肉向两边拨开，用餐刀割断鱼骨刺，将其剔除，最后将鱼肉切成块蘸上酱汁分派给客人。

(4) 铁板类菜肴。铁板类菜肴既可发出响声烘托气氛，又可以保温，深受顾客喜爱，但其温度很高，所以服务时应注意安全。一般是先将铁板端上桌，当着客人的面将烧好的菜肴倒在铁板上，盖上盖子，焖几分钟后，再揭开盖子为客人分菜。

(5) 原盅炖品类。以分冬瓜盅为例，首先用汤勺轻轻将冬瓜盅上面的火腿茸刮入汤内，然后再用汤勺轻轻刮下冬瓜盅内壁的瓜肉，搅动几下后，就可将汤料、瓜、肉等均匀地分给客人了。

1.5.2　西餐上菜及分菜

西餐用餐一般实行分食制，英式服务、美式服务、俄式服务的菜品在厨房内烹制并已分好，只需托盘上桌；法国菜需要在客人面前烹制，然后进行分菜。

小知识

中餐服务是按顺时针方向进行的，西餐服务一般按逆时针方向进行。中餐的菜品是从客人的右侧上，服务人员按顺时针方向服务方便，而西餐菜品通常是从客人的左侧上，服务人员按逆时针方向服务比较方便。

1. 西餐上菜的主要方式

西餐源于欧洲贵族家庭，演变至今，国内在饭店中常见的西餐服务方式有：法式上菜、英式上菜、俄式上菜及美式上菜，均按照先宾后主、女士优先的顺序服务。

(1) 法式服务。法式服务起源于欧洲贵族，是比较注重礼节的服务方式，节奏较慢。法式服务是最奢华、最浪费人工的服务方式，由两位服务员完成。每桌配一名经验丰富的服务员及其助手。食物在厨房烹制成半成品，服务员在客人面前将食物烹制成成品、分割装盘，服务员的助手上菜。上菜时，从客人左侧用右手上黄油、面包、色拉；其他食物用右手从客人右侧上；餐具从客人右侧撤下。法式服务的优点是客人得到较多个人服务和关照，可享受优质服务；缺点是每位服务员服务的客人较少，所需服务空间较大，所以需要的专业服务人员较多，而且服务时间较长。

(2) 俄式服务。俄式服务起源于俄罗斯的贵族与沙皇宫廷，渐为欧洲其他国家所采用。俄式服务是一种豪华的服务，主要用于高档的西餐宴会用餐，使用大量的银器，十分讲究礼节，风格典雅，能使客人享受到体贴的个人照顾。食物在厨房烹制成成品，由服务员分割派发到每位客人餐盘中。上菜前服务员先从客人右侧按顺时针方向用右手送上空盘；上菜时左手托菜肴，从客人左侧用右手将菜夹到客人的餐盘里，按逆时针方向绕台分菜；斟酒、上饮料和撤盘都在客人右侧操作。俄式服务的优点是只使用一名服务员就可以满足服务的需要，而且服务效率高，劳力成本低；缺点是需添置大量银盘，最后一位客人只能从其他客人挑剩下的菜中选择。

(3) 美式服务。美式服务又称盘子服务，以快捷、简单、节省人工为特点。一名服务员能够看数张台，菜肴在厨房已分装完毕，由服务员托送上桌。上菜、撤盘位置均在客人的右侧。简单、快速的服务方式，餐具成本低，劳动力成本低，空间利用率及餐位周转率高。此种服务方法广泛流行于西餐厅和咖啡厅。

(4) 英式服务。英式服务又称家庭式服务。服务员先将热空盘放在主人面前，再将装着整块食物的大盘从厨房拿到餐桌旁，交给主人，由主人分餐装盘后，服务员负责端送给每位宾客。各种调配料摆在餐桌上，客人自行取用，就餐速度慢、氛围轻松，不适用于商业服务。

2. 西餐上菜的程序

西餐正餐的上菜顺序是开胃品、汤、主菜、甜点、饮品。

(1) 开胃品。开胃品又称头盘，有冷、热之分，旨在开胃，增大食欲，一般剂量较小，多用清淡的海鲜、蔬菜、水果制作，色彩鲜艳，装饰美观。冷开胃品分开那匹类(Canape)、迪普类(Dip)和鸡尾类(Cocktail)，如海鲜鸡尾酒杯、三文鱼开那匹；热开胃品一般是汤类。

(2) 汤。汤可归为开胃品也可独立成为一道菜。西餐的汤可分为冷汤类和热汤类，也可分为清汤类和浓汤类，如西班牙冻汤、牛尾清汤、奶油汤等。汤的主要原料为牛骨、猪骨、鱼骨等。

(3) 色拉。色拉的原料不同，在就餐中的作用也有所不同。主要以绿叶菜为原料，酱汁为酸咸味，有刺激性，具有开胃、帮助消化的作用，可作为开胃色拉；以水果为原料，酱汁为香甜味，可作餐后色拉；以蛋白质、淀粉为原料，可作主菜色拉食用。

(4) 主菜。主菜是全套菜的灵魂，制作讲究，一般是色、香、味、形俱佳的菜肴。主菜多用海鲜、牛肉、羊肉、猪肉和家禽类肉做主要原料，如黑胡椒牛排、大虾吉列等。

(5) 甜点。甜点是最后一道餐食。甜点有画龙点睛的作用，西餐不论多少道菜，最后一道一定是甜点。没有甜点的宴席是无法被接受的。甜点有冷热之分。冷甜点如法国的慕斯、冰淇淋、巴菲及各种蛋糕等；热甜点如西班牙的焦糖炖蛋等。

(6) 咖啡、茶和利口酒。咖啡、茶、利口酒都有助消化的功能。咖啡、茶叶中的咖啡碱对于食物中的含氮化合物，特别是蛋白质有助消化的作用。咖啡碱能增加胃腺体分泌，故能促进食欲，帮助消化。在饭后尤其是摄入较多的含脂肪食品后，饮茶是有益的。利口酒内添加了各种利于消化的果汁、药材等，餐后饮用可以解腻、帮助肠胃消化食物。

3. 西餐分菜

(1) 西餐分菜的工具。服务叉、服务匙是西餐分餐常用的工具，还应准备切肉刀和切肉叉。使用方法：用拇指和食指捏住叉柄，无名指与食指在同一侧，它们夹在匙柄与叉柄之间，中指和小指在匙的另一侧，这样叉和匙就能自如地夹住食物了。

(2) 西餐分菜的方法。西餐实行的是分餐制，食物一般由厨师分好后再放到客人面前。俄式服务实行的是派菜制即服务人员按逆时针方向绕台将菜品从客人的左侧均匀分派到客人面前的餐碟中。

情景案例

北方的一家高星级酒店的中餐厅，5月19日接待了一桌为母亲过寿的客人。客人共10人，带有小孩，服务人员很规范地站立一旁。每道菜送上来时，服务员照例旋转一圈，报菜名，让每位客人饱个眼福之后，开始分菜。客人就餐结束后，却给了个差评，服务员很委屈，问为什么？

分析：

客人希望一家人聚在一起为母亲祝寿可以热热闹闹的，并留有照片作纪念，服务人员频繁介入，上菜后再拿走分菜，热闹氛围时常被打断，并且，分菜时间长，分菜后桌面上所剩菜品少，拍照时体现不出为母祝寿的热闹氛围。

处理方法：

服务方式的选择要做到以下几点。

1. 针对客人的特点；

2. 了解客人的真实需求；

3. 针对客人的就餐目的提供服务。

思考题：

作为管理者在日常管理中应该如何做？

【知识检验与能力实训】

1. 练习用叉、勺分菜。

2. 日常就餐中练习不同菜品的分菜方法。

3. 认真观察餐厅对客人的座次安排。

第2章 酒吧服务技能

本章主要讲解饭店餐饮部下属酒吧服务人员需要掌握的技能，以酒水基础知识课程为基础，帮助学生掌握酒吧服务的基本技能，从而使学生成为既懂理论，又有很强的动手能力的专业人才。

学习目标

> 1. 掌握鸡尾酒调制的基本方法。
> 2. 掌握摇壶操作的方法。
> 3. 掌握国际流行的鸡尾酒配方。
> 4. 能够独立完成一份合格的鸡尾酒成品。

2.1 鸡尾酒调制

调酒技术是一项专门化的酒水操作和服务技术，必须由浅入深地训练，掌握调酒的方法、规则、术语和鸡尾酒配方，力求规范化、程序化、标准化，在此基础上发挥主动性、积极性和创造性。

本节主要讲解鸡尾酒调制的方法、规则及所使用工具的名称和用途，使学生能够独立完成鸡尾酒的调制并达到标准。

2.1.1 鸡尾酒调制的基本方法

鸡尾酒种类繁多，风格各异，材料多样，但调制的基本方法可概括成4种，即摇和法、调和法、搅拌法和兑和法。

1. 摇和法

摇和法又称为摇荡法、摇晃法，就是按照配方的要求，将冰块、辅料、基酒依次放入摇酒壶中，采用摇荡的方式将材料充分混合的调制方法。采用摇和法的目的是将较难混合的材料融合在一起。在摇和过程中，使混合酒品迅速达到冰镇冷却的效果，并能够适当地稀释和降低酒精浓度。

(1) 器材。摇酒壶、载杯、量杯、冰桶、冰夹。

(2) 动作要求。摇动的方式并无统一的要求，但都需要保持身体稳定，姿态自然优美，动作协调。摇和时可采用单手或双手。单手的方法是右手食指卡住壶盖，其余四指均匀地握住壶身，依靠手腕的力量用力摇荡，同时前臂在胸前斜向上下方摇动，使酒液充分混合；使用大号的摇酒壶时可采用双手摇壶法，方法是用左手的中指托住壶底，食指、无名指及小指夹住壶身，拇指压住滤冰器，右手的拇指压住壶盖，其余四指均匀地扶住壶身，双手配合将调酒壶举至胸前，在与胸前呈45°方向上用力呈活塞运动状摇动，摇动线路可按斜上—胸前—斜下—胸前进行。

(3) 摇酒时的注意事项。

① 要将调酒原料按冰块—辅料—基酒的顺序依次投入摇壶中。冰块要新鲜、坚实。

② 按照调制鸡尾酒的酒量合理选择摇壶大小，每次调酒的份数不宜太多，壶内要留有一定空间。

③ 无论采用单手摇壶还是双手摇壶，手掌都不能紧贴壶身，以免提升摇壶的温度，加快冰块的融化速度，使酒液变淡影响成酒的口感。

④ 含有气泡的辅料，如碳酸饮料、香槟、气泡葡萄酒等不可加入摇酒壶中摇荡，以免爆壶。

⑤ 普通鸡尾酒摇荡的时间为5秒左右，以手感冰凉为限，加鸡蛋、奶等辅料的鸡尾酒摇动时间需长些，使酒液充分融合。

⑥ 摇动时，面带微笑，注意动作的节奏美、韵律美。

2. 调和法

调和法是用调酒杯或壁厚的玻璃杯、吧匙或调酒棒、滤冰器调制鸡尾酒混合饮料的方法。在调酒杯中放入适量的冰块，然后按照配方的要求注入辅料、基酒，用左手的食指和拇指握住调酒杯的底部，右手手指夹捻吧匙螺旋柄，将吧匙背贴着调酒杯的内壁按顺时针方向搅动数次，等左手感到冰凉或调酒杯外壁析出水珠时即可将混合酒液滤入鸡尾酒杯中。为了确保酒的口味，不可剧烈搅动或搅动时间过长，以免冰融化稀释酒液，影响酒的口感。

思考题

为什么调酒时的材料要按冰块—辅料—基酒的顺序投放呢？

答：鸡尾酒的主要成本是基酒，调酒时按冰块—辅料—基酒的顺序投放，以防配方错误造成酒液浪费，使成本增高。

3. 兑和法

兑和法是把材料直接注入酒杯的一种鸡尾酒调制法。

(1) 器材：鸡尾酒杯、量杯、冰块、夹冰器。

(2) 步骤：准备所需器材；将基酒用量杯量出正确分量后，倒入鸡尾酒杯中；用夹冰器取冰块，放入鸡尾酒杯中；最后倒入其他辅料至满杯即可。

4. 搅拌法

搅拌法是采用果汁机取代摇酒壶。当材料中有水果类块状材料需要搅拌时，采用该种方法，是目前最流行的做法，混合效果好。事先准备细碎冰或刨冰，在果汁机上的混合杯中倒入材料，然后加入碎冰或刨冰，开动电源混合搅动，约10秒钟关掉开关，等马达停止时拿下混合杯,把酒液倒入酒杯中即可。所需器材:果汁机、量杯、冰块、夹冰器。

小知识

20世纪二三十年代被称为鸡尾酒的黄金时期,原因是美国从1920年1月17日凌晨0时起,《禁酒法案》(又称《伏尔斯泰得法案》)正式生效。根据这项法律规定,凡是制造、售卖乃至于运输酒精含量超过0.5%以上的饮料皆属违法。自己在家里喝酒不算犯法,但与朋友共饮或举行酒宴则属违法,最高可被罚款1000美元及监禁半年。21岁以上的人才能买到酒,并需要出示年龄证明,而且只能到限定的地方购买。《禁酒法案》中对酒精度数的限制使鸡尾酒得以广泛、长时间地受到人们的欢迎,同时使调酒师们调配出众多新款鸡尾酒。《禁酒法案》在1933年废除。

2.1.2 鸡尾酒调制规则

1. 鸡尾酒调制的基本原理

(1) 鸡尾酒的基本结构是基酒、辅料、装饰物和载杯。鸡尾酒主要以烈性酒为基酒;辅料为调缓料(碳酸饮料、果汁等),调香、调色、调味料(牛奶、鸡蛋、带颜色的配制酒或糖浆、咖啡等);装饰物包括水果、伞签、吸管、花、绿植等。

(2) 调制时中性风格的烈性酒可以与绝大多数风格和味道各异的酒品、饮料相配,调制成鸡尾酒。从理论上讲,鸡尾酒是一种用无限种酒品相互混合的饮料。

(3) 风格、味道相同或相近的酒品相互混合调配是鸡尾酒调制的一个普遍规律。风格、味型突出并相互抵触的酒品一般不适宜相互混合。

(4) 采用碳酸饮料或有气泡的酒品调制鸡尾酒时,不得采用摇动法。

(5) 调制鸡尾酒时,投料顺序为冰块—辅料—基酒。

2. 鸡尾酒调制的步骤与程序

(1) 先按配方要求将所需的基酒、辅料等备齐,整齐地放在面前操作台的左手边,垂直于身体。

(2) 将准备好的调酒器具、载杯横放在操作台上。装饰物可在调酒前做好,插在载杯上。

(3) 采用正确规范的调酒方法调制、装饰、出品。

(4) 清理工作台和清洗调酒器具,将酒品和调酒器具放回原处。

3. 鸡尾酒调制时的注意事项

(1) 任何一款鸡尾酒都必须严格按照配方的要求进行调制。

(2) 调酒过程中,任何环节的操作都要展示良好的精神风貌,动作娴熟潇洒、连贯自然、姿态优美,注意清洁卫生。

(3) 面对宾客调制鸡尾酒应具有表演性和观赏性,这可以渲染气氛并给宾客带来美好的视觉享受。

> **小知识**
>
> 鸡尾酒调制分为英式法和美式法。英式法又称为绅士调酒法，调酒师要着礼服，站在吧台内为客人调酒；美式法又称花式调酒法，调酒师可以大幅度地扔、抛酒瓶、调酒器，增加调酒的观赏性。

4. 调酒技巧

1) 传瓶—示瓶—开瓶—量酒的操作规范及技巧

(1) 传瓶。把酒瓶从酒柜或操作台上传至手中的过程。传瓶一般是从左手传至右手或直接用右手将酒瓶传递至手掌部位。用左手拿瓶颈部分传至右手上，用右手拿住瓶的中间部位，或直接用右手提及瓶颈部分，迅速向上抛出，并准确地用手掌接住瓶体的中间部分。要求动作迅速、稳准、连贯。

(2) 示瓶。将酒瓶的商标展示给宾客。用左手托住瓶底，右手扶酒瓶瓶颈，左手在前，右手在后，酒瓶与水平线呈45°角，酒标朝外。

(3) 开瓶。非软木塞的酒瓶的开瓶方式是：右手扶住瓶身，左手虎口(即拇指食指夹着瓶盖)握住瓶盖，并向外侧旋动，食指带动瓶盖打开。

(4) 量酒。开瓶后立即用左手中指、食指在外侧，无名指夹起量杯，两臂略微抬起呈环抱状，把量杯置于敞口的调酒壶等容器的正前上方约4厘米处，量杯端拿平稳，略呈一定的斜角，然后右手将酒斟入量杯至标准的分量后收瓶口，随即将量杯中的酒旋入摇酒壶等容器中，左手拇指按顺时针方向旋上瓶盖，然后放下量杯和酒瓶。

2) 吧匙使用的规范和技巧

在调和鸡尾酒时，左手的大拇指和食指握住调酒杯的下部，右手的无名指和中指夹住吧匙柄的螺旋部分，用拇指和食指捻住吧匙的上端，调和时，拇指和食指不用力，而是用中指的指腹和无名指的指背，促使吧匙在调酒杯中按顺时针方向转动。巧妙地利用冰块运动的惯性，发挥手腕的弹动力，用中指和无名指使吧匙连续转动。吧匙放入或拿出杯中时，匙背都应向上。

2.1.3 酒吧术语

1. 常见调酒术语

(1) 标准酒谱。标准酒谱包括鸡尾酒名字、标准配方、调制方法和程序、载杯类型、装饰方法、成品服务方式和要求、标准成本、售价、毛利率等。标准酒谱可以有效地指导调酒操作，进行成本控制，是酒吧标准化管理的重要体现。

(2) 基酒。鸡尾酒主体，决定鸡尾酒的口味、风格。通常用发酵酒、蒸馏酒做基酒。

(3) 辅料。鸡尾酒调制中添加的辅料，可以降低酒精度数、缓解辛辣感，起到调香、调色、调味的作用。水、碳酸饮料、奶制品、果汁、咖啡、鸡蛋等均可用作辅料。

(4) 装饰物。装饰物又称为杯饰，目的是增加鸡尾酒的美感，提高鸡尾酒的观赏价值。鸡尾酒的装饰物一般由水果、蔬菜、花朵、绿叶以及吸管、酒签、搅棒等经过切配雕琢、相互组合而成。经典鸡尾酒的装饰物构成是基本固定的。

(5) 载杯。载杯是盛载鸡尾酒等混合饮料的杯具。国际流行的传统鸡尾酒必须与特定的载杯相配,其风格和个性才能被充分地体现和传达。

(6) 摇和。将冰块、基酒、辅料依次加入摇壶内,采取单手或双手摇壶的方法,有规律地、大力地,在短时间内将材料混合在一起,并使酒品快速冷却。

(7) 调和。调和是操作时根据配方依次在调酒杯中加入冰块、辅料、基酒等,用吧匙沿着杯壁按顺时针方向搅动数次后滤入特定的载杯中。

(8) 直兑。直兑是根据配方的要求,直接将所需的原料倒入特定的载杯中,可用吧匙轻轻地搅动,根据服务要求在杯中配上搅棒、吸管等。

(9) 搅拌。搅拌是使用搅拌器使果子露、雪冰类等很粘稠、不容易搅拌的材料融合在一起。

(10) 纯饮。纯饮指单一酒品不添加任何辅料的饮用方式,能够品尝到单一酒品的本来风味。

(11) 加冰。单一酒品加冰饮用可以降低酒品温度,并稀释酒精的浓度。

(12) 漂浮。漂浮指的是因酒品比重不同,一种酒品漂浮在另一种酒品之上。

(13) 甩。调酒时的微小计量单位。在酒瓶瓶盖上留一小孔,一甩就是将此瓶在载杯或摇壶上方轻摇一圈,注入混合饮品中,孔小的约10滴,孔大的约3~4滴,其量约1/3吧匙或1/6茶匙。

(14) 滴。在调酒时从苦精、辣椒汁等调料瓶中落下1滴的量。

(15) 指幅。指幅是将手指横贴于平底杯的下部,在杯中加入一指宽的酒品,通常为30毫升,即约1盎司,称为"一个指幅"。这种酒水计量方法,误差较大,一般为经验做法。

(16) 拧绞。将宽约1厘米、长约5厘米的柠檬皮或橙皮等拧绞,使其呈螺旋状,装饰并垂于鸡尾酒中。

(17) 杯口挂糖霜、盐霜。杯口挂糖霜、盐霜又称为冻雪式,用柠檬皮、青柠皮等轻抹杯口并旋转一周,使杯口湿润,随即将杯口倒放在盛有精致细白糖或白盐的平底浅身的器皿中,使杯口均匀地挂上糖霜或盐霜。此法同样适合杯口挂果仁、巧克力米等。

2. 常用调酒器具

(1) 量酒器。量酒器又称为量杯,有单头和双头之分,单头规格是1/2盎司、1盎司、3/2盎司;双头的规格有1/2盎司和1盎司、1盎司和3/2盎司,如图2-1所示。

图2-1　量酒器(Jigger)

(2) 调酒壶。用于调制鸡尾酒,按容量分大、中、小3种型号。调酒壶分三个部分:主体、过滤器和壶帽,如图2-2、图2-3所示。

图2-2　英式调酒壶

图2-3　美式调酒壶

(3) 榨汁器。榨汁器是制作鸡尾酒时水果、蔬菜汁的工具,如图2-4所示。主要用来将新鲜的橙、柠檬和青柠檬榨成汁。

图2-4　榨汁器

(4) 榨汁机。榨汁机是一种可以将果蔬快速榨成果蔬汁的机器,与家用榨汁机类似。

(5) 吧匙。吧匙分大、小两种,用于调制鸡尾酒或混合饮料。调酒用的长匙,其两端的功能是不一样的,一端是叉状,一般用来叉取樱桃、柠檬等;另一端是匙,用来搅拌混合鸡尾酒原料,匙的容量一般为一茶匙。这种是比较简单的工具,一般用家中汤匙代替即可,如图2-5所示。

(6) 冰桶。用来储存冰块,以免冰块融化过快。冰桶内部下段有滤冰网可以滤去化掉的水，如图2-6所示。

图2-5　吧匙

图2-6　冰桶

(7) 瓶嘴/倒酒嘴。又称为酒嘴、节流瓶嘴、PAT头等，是一种插在打开瓶盖后的酒瓶口的附加装置，用于倒酒，可以控制倒出酒液的流量和速度，如图2-7所示。

(8) 酒吧开刀。用于打开红、白葡萄酒酒瓶的木塞，也可用于打开汽水瓶、果汁、罐头的瓶盖。

(9) 开塞钻。用于打开红、白葡萄酒酒瓶的木塞。

(10) 滤冰器。调酒时用于过滤冰块，如图2-8所示。

图2-7　瓶嘴

图2-8　滤冰器

(11) 开瓶器。用于开启汽水、啤酒的瓶盖。

(12) 开罐器。用于开启各种果汁、淡奶等罐头。

(13) 调酒杯。种类很多，用于调制鸡尾酒。

(14) 砧板。用于切水果等装饰物。

(15) 果刀。切水果等装饰物。

(16) 鸡尾酒签。鸡尾酒签呈牙签状，尾部呈柄状，长短、颜色、形状各异，通常由塑料制成，用以串签水果作鸡尾酒的装饰，如图2-9所示。

图2-9　鸡尾酒签

(17) 吸管。塑料空心细管，常见的有直管式、弯管式和异性式，如图2-10所示。

(18) 搅棒。搅棒又称调酒棒，通常是用来搅拌和调和鸡尾酒等混合饮料的塑料小棒，如图2-11所示。

图2-10　吸管

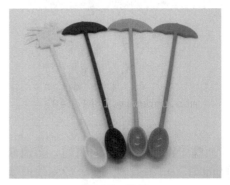

图2-11　搅棒

(19) 杯垫。垫于鸡尾酒载杯底部的圆形或方形衬垫，通常为底层的，兼有吸水和装饰两种功能，如图2-12所示。

(20) 冰夹。夹冰块用，顶端呈锯齿状，如图2-13所示。

图2-12　杯垫

图2-13　冰夹

(21) 冰铲。也称冰勺，是从制冰机中铲取冰块，或将冰块铲入摇酒壶、载杯中的工具，如图2-14所示。

(22) 宾治盆。装什锦水果宾治或冰块用，如图2-15所示。

(23) 香槟塞。用作瓶塞，密封酒液，如图2-16所示。

图2-14　冰铲

图2-15　宾治盆

瓶中自带软木塞   开瓶后香槟酒塞

图2-16　香槟杯

3. 酒杯的主要类型

(1) 烈酒杯。容量规格一般为56毫升,用于各种烈性酒,只限于在净饮(不加冰)的时候使用(喝白兰地除外)。

(2) 古典杯。容量规格一般为224～280毫升,多用于喝加冰块的酒和净饮威士忌酒,喝有些鸡尾酒时也使用这种酒杯。

(3) 果汁杯。容量规格一般为168毫升,喝各种果汁时使用。

(4) 高球杯。容量规格一般为224毫升,用于特定的鸡尾酒或混合饮料,有时果汁也用高球杯。

(5) 柯林杯。容量规格一般为280毫升,用于各种烈酒加汽水等软饮料、各类汽水、矿泉水和一些特定的鸡尾酒(如各种长饮)。

(6) 浅碟型香槟杯。容量规格一般为126毫升,用于喝香槟和某些鸡尾酒时使用。

(7) 郁金香型香槟杯。容量规格为126毫升,只用于喝香槟酒时使用。

(8) 白兰地杯。容量规格为224～336毫升,净饮白兰地酒时使用。

(9) 水杯。容量规格为280毫升,喝冰水和一般汽水时使用。

(10) 啤酒杯。容量规格为280毫升,餐厅里喝啤酒用。在酒吧中,女士们常用这种杯喝啤酒。其中扎啤杯(Beer Mug)在酒吧中一般用于喝生啤酒。

(11) 鸡尾酒杯。容量规格为98毫升,调制鸡尾酒以及喝鸡尾酒时使用。

(12) 餐后甜酒杯。容量规格一般为35毫升,用于喝各种餐后甜酒、鸡尾酒,如天使之吻鸡尾酒等。

(13) 白葡萄酒杯。容量规格为98毫升,喝白葡萄酒时使用。

(14) 红葡萄酒杯。容量规格为224毫升,喝红葡萄酒时使用。

(15) 甜酒酒杯。容量规格为56毫升或112毫升,专门用于喝雪利酒。

(16) 波特酒杯。容量规格为56毫升,专门用于喝波特酒。

(17) 特饮杯。容量规格为336毫升,用于喝各种特色鸡尾酒。

(18) 酸酒杯。容量规格为112毫升,喝酸威士忌鸡尾酒时使用。

(19) 爱尔兰咖啡杯。容量规格为210毫升,喝爱尔兰咖啡时使用。

(20) 果冻杯。容量规格为98毫升,吃果冻、冰淇淋时使用。

各种杯子形状如图2-17所示。

图2-17　酒杯图

情景案例

　　Stone是爱尔兰吧的调酒师，一个周末的晚上客人很多，并且有很多客人点了鸡尾酒，调酒师的工作特别繁忙。Stone在调一杯叫猫步的鸡尾酒时，因与新加坡司令鸡尾酒的配方很接近，调错了酒，可碳酸饮料已经加入，不可再倒回摇酒壶，于是Stone将鸡蛋黄搅拌开后，直接倒入酒杯中，让吧外的服务员送给客人。客人喝后皱眉，但没说什么，一杯酒未再动一直放到离开。

　　分析：

　　Stone调酒基本功不扎实，对鸡尾酒配方记忆不准；服务思想存在问题，明显欺骗客人。

　　处理方法：

　　管理者要加强员工思想、技能的培训；合理安排员工，在工作繁忙时可调配员工支援酒吧；做好服务现场质量控制，发现问题及时补救。

思考题：
客人隐形投诉(未向酒店方直接投诉，而是将不满告诉了周围的朋友)的危害是什么？

【知识检验与能力实训】
1. 练习单双手摇壶法。
2. 熟记鸡尾酒的调制方法。
3. 熟记各种器具名称。

学习目标

> 1. 熟练掌握各种水果的切配方法。
> 2. 能够根据主题，独立完成一份水果拼盘成品。

2.2 水果拼盘技术

水果拼盘是一门技术，需要经过正规的学习与训练才能掌握。制作水果拼盘的目的是使简单的个体水果通过形状、色泽等几方面艺术性地结合为一个整体，以色彩和美观取胜，从而刺激客人的感官，增进其食欲。

1. 选材

从水果的色泽、形状、口味、营养价值、外观完美度等多方面对水果进行选择。水果本身应该是熟的(不能太熟)、新鲜的、卫生的，水果外皮的颜色要比较鲜艳，可根据需要选择规整的形状。制作拼盘的几种水果应在颜色、口味上相协调。

2. 构思

在制作水果拼盘前应充分考虑宴会的主题，根据宴会主题选择水果造型，突出主题寓意。

3. 色彩搭配

将各种色彩的水果艺术地搭配成一个整体，可以刺激人的食欲。水果颜色的搭配一般有"对比色"搭配，例如红配绿、黑对白；"相近色"搭配，例如红配黄；"多色"搭配，例如红、绿、紫、黑、白相搭配。

4. 艺术造型与器皿选择

根据选定水果的色彩和形状来进一步确定整盘的造型。整盘水果的造型要有器皿辅助，不同的艺术造型要选择不同形状、规格的器皿。如长形的水果造型要相应地选择长形的水果盘。另外，盘边的水果花边装饰也应符合整体美并能衬托主体造型。

至于器皿质地的选择，一方面可根据酒吧的档次，另一方面可根据果盘价格来选择。酒吧常用的果盘为玻璃制品、瓷器、水晶制品、金银制品等。

5. 刀工

选好水果、造型和器皿后，进行水果切配。操作时应注意刀功方面应以简单易做、方便出品为原则。

1) 水果拼盘常用刀法

水果拼盘用刀要比雕刻简单得多，常用刀法如下所述。

(1) 打皮：用小刀削皮，动作要迅速。

(2) 横刀：按刀口与原料生长的自然纹理相垂直的方向施刀，可切块、切片。

(3) 纵刀：按刀口与原料生长的自然纹路相同的方向施刀，可切块、切片。

(4) 剥：用刀将不能食用的部分剥开，如柑橘。

(5) 锯齿刀：用切刀在原料上直一刀，斜一刀，两刀口方向成一夹角，刀口成对相交，使刀口相交处的部分脱离而呈锯齿形。

(6) 勺挖：用半圆形勺子挖成球形状，多用于瓜类。

(7) 剜或挖：用刀挖去水果不能食用的部分，如果核仁。

小知识

水果打皮后，果肉暴露在空气中，很快就会被氧化变黑。去皮后的水果可迅速浸入柠檬水中护色，也可在一小碗凉开水中加一小勺食醋，将水果放在里面浸泡两三分钟，以抑制其氧化的速度。

2) 水果加工的原则

(1) 无论采用何种方法，水果的厚薄、大小以可直接食用为宜。

(2) 经过加工的水果的原料应明显可辨。

(3) 果盘中不可使用暗签，以防伤害客人口腔。

6. 出品

应做到现做现出品。拼盘造型尽量迅速，防止营养、水分流失，尤其要保证水果的整洁卫生，同时配置相应的实用工具及适量餐巾纸。成品果盘如图2-18所示。

图2-18 水果拼盘

> 情景案例

某酒店的宴会厅正在举办婚礼,最后一道水果拼盘上桌后,客人陆续离开。新郎的朋友留下,一群年轻人闹新人。新娘的母亲向酒店投诉水果拼盘的造型不吉利,两只凤凰分开相背而放,新郎的朋友在旁情绪激动,眼看局面难以控制。

分析:

中国的吉祥文化体现在生活的各个方面,尤其在重要的事情上人们都希望结果美好,所以处处求吉祥。酒店确实存在考虑不周的问题,并且处理不好局面难以控制。

处理方法:

经理应该随机应变,重新解释水果拼盘的寓意,如"女士,果盘中的凤凰寓意着两位新人婚后齐头并进,比翼双飞"。安抚客人情绪后,可送给客人的朋友一些有吉祥寓意的小礼物,吸引潜在客源。

思考题:

处理客人投诉事件的关键是什么?

【知识检验与能力实训】

1. 练习各种水果的切法。
2. 练习不同颜色水果的搭配。
3. 练习水果拼盘的造型设计。

> 学习目标

> 1. 掌握各种花材使用前后的处理方法。
> 2. 掌握不同插花材料的使用方法、原则。
> 3. 根据主题独立完成插花作品。

2.3 酒吧插花艺术

2.3.1 花材概述

1. 插花种类

插花的种类很多,现从不同角度归纳分类如下。

(1) 按所用花材性质不同,可分为鲜花插花、干花插花以及人造插花(绢花、涤纶花、棉纸花等)。

(2) 按所用容器样式不同，可分为瓶花、盘花、篮花(用各种花篮的插花)、钵花、壁花(贴墙的吊挂插花)等。

(3) 按使用的目的不同，可分为礼仪插花和艺术插花。

(4) 按艺术风格不同，可分为东方式插花、西方式插花以及现代自由式插花。

(5) 按艺术表现手法不同，可分为写景式(盆景式)插花、写意式插花与装饰性(抽象式)插花。

2. 常用鲜切花材

花卉种类繁多，从观赏内容上主要可分为：观花、观枝、观叶、观果4类。插花材料的选择可按花卉的这些观赏内容反映出来。

(1) 鲜切花。月季、菊花、康乃馨、唐菖蒲是世界著名的四大名花，另外还有非洲菊、风信子、百合类、马蹄莲、紫罗兰、兰花类、芍药、水仙等。

(2) 切枝花卉。用水养的切花，一般是指带茎叶剪切下的鲜花，多属草木花卉。这种花材包括梅花、腊梅、石榴、金钟花、杏花、杜鹃花、一品红、栀子花、桂花、白兰花、茉莉花等。

(3) 观果切花。以鲜艳美丽的果实为观赏对象而用于插花创作的花材，称之观果切花。常用的花材主要有南天竹、红果、紫珠等。

(4) 观叶切花(插花配叶)。以各色、各类叶子为观赏对象。观叶切花包括肾蕨(蜈蚣草)、文竹、天门冬、苏铁、棕榈、鸡爪槭等。此外，松、柏、竹、芭蕉、凤尾兰、吊兰、石刁柏、花叶芋、石榴、朱蕉等的枝叶，也常用作插花的配叶材料。

3. 插花元素的简介

插花离不开花、叶、草、花器、衬饰、时间、环境等各个元素的交融配合。

(1) 花。花是一种用来欣赏的植物，具有繁殖功能的变态短枝，有许多种类。在插花作品中通常扮演主角，但在插花时要有主次之分。插花者要善于把握花的形态和颜色，适当地表现其内在的深刻意义。

(2) 枝。枝作为一个独立的元素，是极具线条感的插花材料。它的主要作用是衬托主花，使整个作品要传达的信息变得更强烈。不过枝的配置要恰当，繁盛的枝条必须经过修剪，插的位置要合适，才会增添作品的形态美。在精心安排下简洁的线条同样可以烘托起雍容华贵的气氛，表现出花艺的真谛。

(3) 叶。红花虽好还需绿叶扶持，插花时不能低估叶的作用。一盆插花作品，不仅要建立花的比例关系，还要找合适的叶子作陪衬，甚至有时插花意境完全是由枝叶唱主角的。叶子有各种颜色和质感，叶脉也各具特色，叶纹上还有水珠、晕色、斑驳等多种变化。有许多叶子的形态以及线条丰富得足以令人惊叹，这会为插花艺术增添风采。

(4) 草。草也可作为陪衬。草与枝、叶类似，需要修剪出简洁的线条，这样人们就容易分辨出主枝与陪衬枝之间的关系。

(5) 花器。花器是插花前必须考虑的元素。插花作品摆设在不同位置，花器的选择就会有所不同，采取不同形式的插法也决定了花器的取舍。

(6) 衬饰。衬饰可以起到突出主题、锦上添花的作用。有时在花器下摆放一块托板，或在作品中加入枯木、贝壳或小摆设等，可以很好地渲染气氛。

(7) 时间。在不同的季节及喜庆的日子里，不同的花材可以给人们带来不同的感受。例如，水仙给人以春天的气息；睡莲给人一种悠然自得、忘我于夏日的闲情。

(8) 环境。插花作品除了本身是一个整体外，与周围的环境也是连成一体的，因此在插花时，摆放环境一定要考虑在内，把握好这方面的要求及特点。

插花的各个元素是相互联系的。插花强调线条美，也包括了花、枝、叶、草、花器及衬饰的组合，而时间和环境又决定花材的取舍。不同的花，加上不同的插法会有不同的效果。

4. 花卉的形态

按花的形状，花卉可分成4类，即线形花、块状花、定型花和填充花。

(1) 线形花。整个花材呈长条状或线状。利用直线形或曲线形等植物的自然形态，构成造型的轮廓，也就是骨架。花形一般是直立而修长的，小花沿着枝茎而开，给人修长的感觉，如图2-19～图2-22所示。

图2-19　金鱼草

图2-20　蛇鞭菊

图2-21　剑兰

图2-22　飞燕花

(2) 块状花。花朵集中成较大的圆形或块状，一般用在线状花和定型花之间，是完成造型的重要花材。在插花过程中，没有定形花的时候，也可用当中最美丽、盛开着的块状花代替定形花，插在视觉焦点的位置。例如，康乃馨、非洲菊、玫瑰、向日葵等块状花花朵尺寸较大，常用来做焦点。插花时应注意，离焦点越近块状花花朵越大，同枝块状花不可放在同一层次。块状花示例如图2-23、图2-24所示。

图2-23　向日葵　　　　　　　图2-24　非洲菊

(3) 定型花。花朵较大，有其特有的形态，是看上去很有个性的花材。作为设计中最引人注目的花，经常用在视觉焦点。本身形状上的特征使它的个性更加突出，使用时要注意发挥它的特性。它们真正的价值在于它们特殊的造型，显著的外廓，可以用做作品的焦点花朵，也可单独使用。定型花示例如图2-25、图2-26所示。

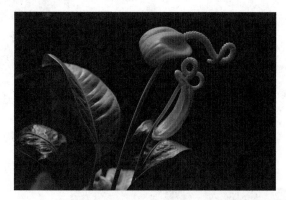

图2-25　天堂鸟　　　　　　　图2-26　火鹤花

(4) 填充花。分枝较多且花朵较为细小，一枝或一枝的茎上有许多小花。具有填补造型的作用，可当做背景使用，插在较低位置。填充花并不重要，它用来强调主花以及花与花之间的关系。填充花示例如图2-27、2-28所示。

图2-27　小雏菊　　　　　　　图2-28　水晶草

> **小知识**
>
> 中国人培养花卉的历史源远流长，在一些甲骨文的记载中，就有关于栽培花卉的描述。与此相应，插花艺术在中国也有悠久的历史。六朝《南史》就有关于插花的记载；至唐代，插花进入宫廷；至宋代，瓶花艺术日臻成熟，并推广至民间；明代至清末则是插花的鼎盛阶段，出现了专论插花的《瓶花三说》《瓶花谱》等名著，《瓶史》在1696年还被译成日文，成为日本花道的主要教科书。

5. 插花常用工具

常用的插花工具有花剪、花针、花泥、注射器、喷水器及工具箱。

(1) 花剪。花剪是插花最主要的工具，是修剪枝花线条及长短所必需的。

(2) 花针。花针用来固定花材，以针面细密、大小相同、分量较重的为上选。花针的形状、大小款式很多，应根据插花需要选购。

(3) 花泥。花泥是用来固定花材的。花泥可分为鲜花泥和干花泥两种，形状有砖形、圆球形、半圆形和四方形等，应根据插花的需要选择。

(4) 注射器、喷水器。注射器可直接让花茎吸收水分；喷水器则将水喷洒在花朵和枝叶上，为花朵和枝叶补充水分。

2.3.2 插花基本技术

1. 剪切、弯曲、固定

插花最基本的技术是"剪切""固定"，在日式插花中，更需要"弯曲"技巧。

(1) 剪切。自然的花材要令其表露出美观生动、符合自己构想的形态，就必须经过一番修剪切除，在保留适当长度的同时，把所有不符合要求的枝叶清理掉。此外，修剪还可带出花茎的线条，突出整个插花的焦点。

(2) 弯曲。弯曲的技巧可使作品富于变化，创造出更多的造型。

(3) 固定。花材经过剪切、弯曲之后，必须加以固定，方能保持完整。

2. 选择鲜切花的要点

(1) 花瓣要有弹力，颜色应鲜艳，没有变焦黄。

(2) 花萼要充实，保证花瓣繁多，花朵才会开得灿烂。

(3) 花蕾不能太实，否则可能有"不开"的现象。

(4) 叶子要青绿、坚挺、繁密而有弹性，显示花卉营养充足。

(5) 花茎尾部必须坚硬，选择时要取茎尾没有腐烂迹象或腐臭气味的。

(6) 同一种花材，最好选有蕾又有大花的，这样插出来的花才能长时间保持其丽质。

(7) 花茎不宜过短，否则可能因长度不足而使插花过于细小。

(8) 花形不宜过小，过小可能是由于花农将花外围残缺的花瓣除去所致。这样的花不是上品。

3. 花枝在插花前后的保养

除品种及切取时间不同会影响切花保持时间外,切花保持时间与切花的保养处理也有很大关系。

1) 插前的处理

(1) 鲜花采摘。一般来说,在早晨露水未蒸发之前,或太阳刚出来之时采摘最为理想,傍晚也是较为理想的采摘时间。

(2) 蔫花处理。发现枝条有萎蔫现象时,不可立即浸于水中,而应摊开铺在阴凉处,喷些清水,再插入水中保养,同时另做新切口。保养时要清理茎部,注意不要让它受阳光直射。买回来的鲜花,如觉得头下垂,可放于盛满水的容器中,让花头露出水面,利用水压促进花枝吸收水分,这样经过一段时间,花朵就会慢慢抬起头来。还有其他办法,如将茎部切成斜面,或者将茎部击碎,以增加它吸水的面积。

(3) 剪花处理。剪花宜在水中进行,这样可避免空气进入枝茎。在采花时,先预备一桶温水(水温以7℃为佳)在旁,等花一摘下来,即将花茎部分插入水中,这样花可保持得较长久。

(4) 特别花类的处理。荷花、睡莲、菊花、虞美人等花瓣容易脱落,可用蜡烛油滴入花的基部。硕大的花朵很容易下垂,欲维持其原有姿态,可用幼竹枝或铁丝支撑。蔷薇、大丽花、向日葵等花茎太短,可以用铁丝加以延长。缠上铁丝的花枝还可随意曲折,调整成各种形状,但缠绕铁丝时,要注意松紧适度。

(5) 插花时不宜长时间以手抚摸花瓣和叶子,一旦开始插花,就应当快速地将花插好。

2) 插花后的处理

夏季每1～2天,秋冬季每2～3天换一次水(为防止瓶水变质,可放少量食盐等防腐剂),换水时要清除残花败叶,并适当剪短花枝,重新剪出切口,并在花材上喷水。

3) 常见鲜花的保养方法

常见的两种鲜花保养方法包括物理法和化学法。

(1) 物理法。

① 火灸法。对于木质花枝,可将花下端部分,放入火焰中,反复灸2～3分钟,至花下端棕黄色后浸入水中,用于防止细菌寄生,促进粘液分泌和组织生长愈合。此法对水分吸收并无影响,花朵只会更茂盛。对于枝茎较为柔弱的,应用草纸或报纸稍微洒湿后包裹花朵及叶片,只显露枝茎下端,用微火灸之,最好使用酒精灯。

② 水烫法。木质花枝茎斜插,浸入热水中,约2～3分钟取出插入瓶中。如果花枝茎不是木质,最多浸入热水5厘米深便可。浸入热水的花枝茎应倾斜,以防止水蒸气损及花朵及叶子。

③ 剪切枝口。在插花过程中,植物的切口会与空气接触,而在接触的瞬间植物的导管就会跑进空气,使流通水分的导管产生一个栓子,因此我们在给植物剪枝时可将花枝放入水中,在切口的稍上方斜剪,这样就使植物的断面增大,从而提高植物的吸水能力。插在水中的花,经2～3日后,其茎切口处就会附有水中杂质或沉淀物,从而堵塞花枝组织的毛细管,阻碍花枝吸收营养,因此,最好每天切掉1厘米的枝口,可使插花寿命维持较久。

④ 换水法。每隔2~3日换水一次。换水要彻底,换水的目的在于调节温度。

(2) 化学法。化学法有很多种,包括:阿司匹林3片溶于1000毫升水中;防止切口感染细菌——切口涂盐法;加入2%的蔗糖或葡萄糖;加入一两片维生素C或B;加入少量的醋酸或白醋;加入0.01%~0.5%的明矾(钾明矾、铵明矾、硫酸铝、多氯化铝等)。

4. 插花艺术的基本原则

首先要立意,有明确的构思以决定整盆插花的主题,然后再围绕主题选择合适的花器和花材(一般应先定器后选材)。主题的选择需与环境场合相适应,以形成内在的感染力。同时,除选材要恰当外,还要讲究章法。形状、色彩应与花材、盆瓶协调一致。不论花多花少,只要善于安排,都能做到富有韵律、均衡与调和。数枝花、叶,可插得错落有致,数十枝花,亦能插得有条不紊。

(1) 富有韵律。作品的好坏取决于韵律(即布局)的变化,取决于是否合乎逻辑,能否表现线条美,而不在花枝多少。有经验的人都晓得,少量的花枝,只要精心设计枝、叶的搭配,也能形成良好的韵律感,如图2-29所示。

图2-29 插花韵律示意图

(2) 均衡。指作品的对称与平衡。其基本点是使插花体的重心获得平衡、稳定。为此,一般主枝宜用较大花朵和色彩浓艳的花枝,插于花器中心偏下处;短小清淡者则插于左右作陪衬;其他花材分插四周,使盆花感觉稳定。

(3) 调和。调和是插花构图的关键,也就是说,除了要照顾画面的变化外,还要考虑花枝的对比和统一,如色彩深浅、数量多寡、质地厚薄、大小长短等,如此方能求得插花体的调和并达到统一。

小思考题

东西方插花艺术有什么区别?

答:东方式插花:以中国和日本为代表,以优美的线条,深邃的意境,简洁的花材,清新淡雅的配色为特征;

西式插花：以欧美国家为代表，强调性格和色彩，以规则的几何外表为导向，花繁叶茂，色彩浓艳热烈，极富装饰美，艺术风格明显。

2.3.3 插花要诀

1. 插花配色设计

(1) 相似色的配色。例如：红—橙—黄、紫—紫蓝—蓝。这些颜色之间有过渡，有联系，容易统一。配色要注意区分主色色调和从属色调，不要同等对待，否则分不出主次，如图2-30所示。

图2-30　相近色的插花作品

(2) 同一色向配色。花材只用一种颜色，如果处理恰当，并不单调乏味。可利用同一颜色的深浅浓淡来组合，产生有节奏的层次感。有时按一定方向和次序来组合明暗变化，会形成优美的层次，产生和谐、共通的印象，如图2-31所示。

图2-31　同一色向配色的插花作品

(3) 对比色配色。对比色实际上由补色组成，如，红—绿、黄—紫、蓝—橘黄等。对比色能显示各自的特性，使色彩更加鲜艳夺目，产生强烈、鲜明的印象，但要达到和谐统一，还要注意配色面积的大小，以一种颜色为主，另一种颜色为辅。对于对比色的调和，白花往往能起作用，另外还可以用灰色、黑色、金色等，它们能和许多色彩构成良好的对比调和关系，同时也要注意选择花器的最佳颜色，如图2-32所示。

图2-32　对比色插花作品

(4) 等距配色。常被插花作品所采用的一种配色设计,也就是将一个等边三角形的三个顶点落在颜色上,作为三等距配色,如西方传统的大锥头插花,常常采用这种配色,用几种颜色的花插成作品,姹紫嫣红,五彩缤纷,尤其适宜喜庆热闹的场合。当然,插花的配色还要顾及环境和视觉的效果,如图2-33所示。

图2-33　等距配色插花作品

2. 西方式插花要诀

(1) 花色要讲求调和及配合。可以选取同一或同系列颜色,达到相互联系和补充的效果。

(2) 构图需考虑整体平衡。可取对称平衡,也可取不对称平衡。

(3) 布局宜均匀有效,主次分明,让观赏者容易领略创作者的意图。

(4) 重复、对称的结构。

(5) 花材种类不宜过多,组合在一起也不能过于稠密。失去空间就会失去层次,影响作品的美感。

(6) 作品需有一个明显的重心。

(7) 大型花器比较容易给人以稳定、坚固的感觉。

(8) 过于粗大的花材易于失去优美的线条,难以用作表现线条的插法。

3. 东方式插花要诀

(1) 花枝和花器比例要适当。确定花枝和花器尺寸的方法:首先测出花器的尺寸,花器的尺寸=高度+直径;其次,确定第一主枝的高度,标准的高度是花器高度的1.5倍,如果环境需要扩大插花构图，第一主枝可高达花器高度的2倍，若环境较小只供个人欣赏，将高度减至1倍也可；再次，确定第二、三主枝的高度，第二主枝的高度应该是第一主枝高度的3/4，第三主枝高度应是第二主枝高度的3/4；最后，围绕这三枝主枝所补充的花枝称为"从枝"，顾名思义是陪衬。从枝是用来充实整个构图的，所以，从枝的数量是不限定的，要视作品需要，自由增减。

(2) 大花应该配小花。如主花为玫瑰，从花应配剑兰；主花为大理花，从花应配非洲菊；主花为百合花，从花应配玉簪花。绝不能用种类不同而形态相似的花相配，否则就主次不分了。

(3) 深色应该配浅色。如果主花的颜色是深红色，则从花应该配淡红色的，要是取一样的深红色，或从花比主花色更深，很容易造成喧宾夺主的效果。

(4) 配叶只能用一种。假如主花有叶，从花也有叶，两者之间只能选用一种或两种皆不用，另配山草。要是两叶同用，或是用几种山草，就会显得太杂乱。

(5) 花叶宜斜不宜直。无论花器是盆还是瓶，花和叶的姿态，宜斜，而不宜直立。至于斜度怎样才算理想，则要根据花器大小、样式而定。

(6) 宜疏不宜密。密有窒息不通风的感觉，叫人看了不舒服；疏易使花叶表现美态。

(7) 花叶不可一样高。减枝之前，要先有构思，然后才可以下剪。主花应该略高，从花稍低，配的叶子，一定不可与花一样高度。假使花器是圆盘或花瓶，叶子该分散低垂在花器周围。

(8) 花器与花不同色。花的颜色绝对不可以与花盆、花瓶的颜色相同，比如花是大红、大紫的，或是大黄、深黄的，花器就应该是全白或浅蓝色。这样深淡相称，才能衬托出花的鲜艳。如果花与花器同是深色，观感上就大打折扣了。

(9) 必须清楚认识花性。选择花材时，对主花与从花的耐久性应该有认识。应选取主花与从花两者耐久性相同的，否则，尽管主花依然神采焕发，从花却已萎谢，或者从花新鲜依旧，主花却凋落，都是使人扫兴的。

(10) 放置地方须得体。花器的高矮也决定了插花整体的格局。因此，插花完成之后，摆放的位置要看花器高矮而定。

(11) 花枝主次应分明。在剪花枝时，要挑一枝最好看的作为主体，其余的作副枝和陪衬枝，以补充主枝的不足，使其更充实，整个构图取得平衡效果。

(12) 花朵分配要均匀。无论主花或从花都应互相呼应，花朵分布匀称。主枝、副枝和陪衬枝搭配要适当，并构成一个整体。

【知识检验与能力实训】

1. 利用身边的花材练习插花技能。
2. 练习各种花材的搭配。
3. 练习各种花材的处理、修剪。
4. 根据不同酒吧活动主题完成一个东方插花作品。

情景案例

Smith是IRISH BAR的VIP，一天Smith预约了座位并说明了人数，经理安排了酒吧最隐蔽区域的位置给Smith，并摆放了花篮。为了表示重视，花篮花束较大，较高。Smith带着朋友如约而至，离开时面色难看，很不高兴。

分析：

花束太高太大，遮挡了客人的视线，妨碍了客人之间的交流，使这次交流很尴尬，故Smith很不满意。

处理方法：

花是为了营造气氛，妨碍了客人就失去了意义，反而成为累赘。酒吧经理可在节庆日打电话向Smith祝福，缓和关系，Smith再次光临时，可送其合适的、有艺术性的、能够表示祝福的插花作品。

思考题：

管理者掌握插花知识有什么重要性？

第3章 康体项目服务技能

康体项目就是人们借助一定的康体设备、设施和环境,通过自己积极参与,达到锻炼身体、增强体质的目的,是具有代表性的、易于接受的、趣味性强的运动项目。康体项目多由体育运动项目转化而来,具有竞技性、趣味性、灵活性、参与性等基本特点。本章主要以"四大绅士运动"为代表性项目进行介绍。

学习目标

> 1. 保龄球房服务员应能熟练地按程序接待客人,并提供规范服务。
> 2. 能向客人介绍保龄球的比赛规则和记分方法。
> 3. 能指导客人进行保龄球运动。
> 4. 能对保龄球房设备进行日常清洁保养。

3.1 保龄球

保龄球又叫"地滚球",最初叫"九柱球",起源于德国,是一种在木板球道上用球滚击木瓶的室内体育运动。保龄球运动是一项集竞技、锻炼、娱乐和趣味于一体的健身娱乐时尚运动。打保龄球可以使神经系统得到锻炼,使大脑的兴奋和抑制过程合理交替,避免神经过度紧张;还可消除疲劳,增强心血管系统功能,延年保龄。

3.1.1 保龄球基本知识

1. 保龄球的主要设施、设备

(1) 保龄球。保龄球分为公用球与专用球两类。公用球的结构比较简单,由一个圆的核心裹上一层外壳。专用球的构造比较复杂,它由内球核、重量堡垒和外壳三部分组成。内球核是确保标准重量的塑胶或其他陶瓷等填充物;重量堡垒是重质塑胶粒子合成体,它有堡垒、方块、灯泡、蘑菇等形状;外壳通常用尤录丁纤维胶或树脂为原料,也就是人造橡胶和聚脂,现在专用球多采用活性树脂做外壳,如图3-1所示。

保龄球的标准重量从6磅至16磅共11种规格。球的直径为21.8厘米,圆周不大于68.5厘米。初学者到球馆要先学会选球,选球有一个相对的标准,即根据个人的体重、体力、臂力、腕力和握力选择适当重量。一般以握得稳固、摆动自如不感吃力、投球时又能充分控制为好。

图3-1　保龄球

(2) 保龄球瓶。球瓶是保龄球投掷的目标,每条球道备有两组球瓶,每组10个。球瓶以枫木为主要材料,外层涂上一层塑胶保护漆。基本颜色为白色。高为38厘米,最粗的部位直径为12厘米,底部直径为5.02厘米。重量在1.4千克到1.6千克之间,一组10个球瓶中,最重的和最轻的相差不能超过113克,如图3-2所示。

图3-2　保龄球瓶

(3) 保龄球道。球道材料以枫木为最佳,球道全长19.152米。从掷球线起至球瓶区最前第一只球瓶(第一号球瓶)中心点的距离是18.288米(60英尺),球瓶区占0.864米。球道的宽度限在1.042米(41英寸)至1.066米(42英寸)以内,如图3-3所示。

图3-3　保龄球道

(4) 自动化竖瓶、记分系统。它是通过机械装置完成扫瓶、送瓶、夹瓶、竖瓶和回球、升球的，并将瓶位信号、击中信号通过电脑记分系统显示于地面记分台和悬挂式彩色记分显示器，如图3-4、图3-5所示。

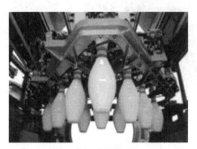

图3-4　自动化竖瓶

图3-5　计分系统

(5) 保龄球鞋。打保龄球所穿的鞋子左右鞋底各不同。用右手持球者，其右脚鞋的脚底会有橡胶，左脚鞋的脚底会有皮革或布块，其目的是做滑步的动作；反之，左手持球者，右脚鞋的脚底会有皮革或布块。球馆提供的公用鞋左右两脚都有皮革或布块，如图3-6所示。

图3-6　保龄球鞋

(6) 附属设备。球员休息座椅、观众座椅、茶几、公用球存放架、公用鞋存放处、备用球、球道打磨机、加油机、饮料吧台、私人物品存放柜。

2. 保龄球的计分规则

(1) 保龄球比赛的每一局由十格组成。如果没有任何全中，每个运动员可以在前九格的每一格中投两个球。如果第十格投出全中或补中，则该运动员可以在该格投三次球。每个运动员必须以正常的顺序投完每一格。一局的最高分是300分，运动员必须连续击出12个全中。

(2) 全中。如果每一格的第一次投球击倒了全部竖立的十个球瓶，则称之为全中。用(X) 符号将全中记录在记分表上该格上方左边的小方格内。全中的得分是10分加运动员下两次投球击倒的瓶数。

(3) 补中。如果每格的第二次投球击倒了该格第一次投球后所剩余的全部球瓶，则称其为补中。补中用符号(/)表示，记录在该格右上角的小方格内。补中的得分是10分加运动员下一个球所击倒的瓶数。

(4) 失误。除了第一次投球形成分瓶的情况外，如果运动员在某格两次投球后，未能将十个瓶子全部击倒，则称之为失误。

(5) 分瓶。记分表中用符号(O)表示。分瓶是指在第一球投出后，把1号瓶及其他几个球瓶击倒，剩下的球瓶呈下列状态：2个或2个以上的球瓶，它们之间至少有1个球瓶被击倒时，如7号瓶和9号瓶、3号瓶和10号瓶；2个或2个以上的球瓶，紧挨在它们前面的球瓶至少有1个被击倒时，如5号瓶和6号瓶。

(6) 犯规。在投球时或投球后，运动员的部分身体触及或超越了犯规线以及接触了球道的任何部分时，即为犯规。该次犯规的时效直到该名运动员或下一名运动员投球为止。犯规在记分表上用(F)表示。

3. 保龄球的打法

目前国际上最为流行的打法有三种：直线球、飞碟球和曲线球。

(1) 直线球。这种打法比较适合初学者，是各种球路的基础，如果直线球学不好就去学别的打法，会非常不稳，所以对于初学者来说，应该先学好直线球，然后再练习其他的打法。直线球是指从投球到球击中球瓶始终沿一直线前进的球。投球时，拇指要置于正上方即球的12点钟方向正对目标，中指和无名指置于正后方即球的正后方6点钟方向，手掌心正对球瓶区，出球点一般在球道的中间，以中心箭标为引导性依据，使球产生向前的旋转力沿直线滚出。直线球对球瓶的撞击效果一般，因此多适用于补中残局球。

(2) 飞碟球。近年来比较流行的一种打法，由于这种打法不受球道限制，对球瓶的撞击力大，而且容易学，所以广为保龄球爱好者采用。打飞碟球时，握球的拇指朝向球2点钟方向，中指和无名指朝向7～8点钟方向，手臂向前摆动时，手腕和手臂同时向逆时针方向转动，使手臂向上，手心向下，以拇指为轴向下压，中指和无名指顺势朝前推球，中指和无名指脱离指穴时，拇指朝向6点钟方向，中指和无名指约朝向12点钟方向，球会产生高速度的横向旋转杀伤力。飞碟球在球道上行进时，球本身呈逆时针旋转，在击中目标时入1、2号位或1、3号位，球瓶会横向翻倒，互相撞击或弹跳形成连锁反应从而容易形成全倒。

(3) 曲线球。又称弧线球，指球进入球道后便开始向左方大弧度弯曲的球。打曲线球时，手臂向前摆动且拇指朝向12点钟或1点钟方向，在球向前下摆的后半段，手腕向内侧旋转，球出手时拇指朝向9点钟方向旋转，而中指和无名指则在3点钟方向。提拉会使球发生侧向旋转，这种侧向旋转使球滑落球道油区时会沿曲线滚动，球进入球道后1/3的无油区时开始旋转，产生更大角度，切入1、3号瓶之间。曲线球的弧度大，球路难以控制，最好在直线球达到一定水平后，再练习打曲线球。曲线球不仅球路更具美感，而且全中机会大大增加，即使未击全中，也会减少分瓶出现的可能。

4. 保龄球的基本动作

掌握好基本功对球技的提高是非常有利的，初学保龄球的人一定要认真练好基本功，否则将直接影响到以后的技术水平。

(1) 助跑练习。球员站在离犯规线7厘米处，面向助跑道底部。四步助跑时，直线行走4个自然步再加半步，转身180°，面向球道。这时站立的位置，就是四步助跑的起点。三步助跑和五步助跑可用同样方法，走三步半和五步半找出起点。练习助跑时，右手球员以左脚内侧为准(左手球员相反)横向站立在第17块木板的边线上，双脚平直微微分开，迈出右脚为第一步，第一步要慢一点，步子小一点；第二步、第三步要快一点，步子大一点；第四步为滑步，要更快一点，步幅为一步半；滑步终止时，脚尖到达距离犯规线7厘米处。这时，左脚内侧必须仍在第17块木板边线上。只有通过反复练习，才能做到直线助跑横向无误差。

上述练习达到要求后，接下来做空手运球和助跑相配合的练习。空手运球就是空手做运球状。先从分解动作做起：第一步推球，第二步下摆，第三步后摆，第四步朝前回摆、滑步投球，然后右手顺势拉起。经过一段时间的练习以后，可以加快速度，将两种动作，即助跑的动作和摆臂运球的动作连贯起来。

(2) 握球摆臂练习。右手握球，左手助握，前臂弯曲约90°，球与肩轴成一直线(此为腰间式握球，还有高抬式和低垂式握球)。左右手同时把球向前推出至手臂伸直约45°，右手在球的重力作用下向前下方下摆、后摆、向前回摆，最后左手协助接球，回到原来状态。动作要求：自然推出，垂直下摆，垂直后摆(后摆的最大高度与肩平)，垂直回摆；摆时以肩为轴，像钟摆一样；手臂不要用力，自然放松，让球带动手臂摆动；肘部不要弯曲，上身稍前倾，左手向左伸出协助保持身体平衡；右手大拇指指向10点钟位置，中指、无名指指向4~5点钟位置，手腕挺直，如图3-7所示。

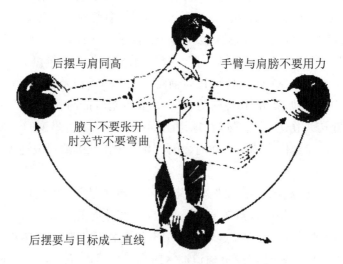

图3-7　握球摆臂

(3) 释球练习。本练习应该在助跑道上进行，还应找一位球友。两人相对而跪，左腿屈蹲，左臂支于左腿上，承受上身的部分重量；右膝跪地，膝盖紧靠左脚跟内侧，右手手腕伸直，处垂直位置握球，自然放松不可用力，然后垂直前摆、垂直后摆，手臂和手腕不做任何人为的转动。大拇指指向10点钟方向，中指、无名指指向4~5点钟方向，垂直回摆后释球，对方接球后滚回。释球时要有大拇指先行脱出指孔的第一感觉和中指、无名指上钩提后脱出指孔的第二感觉，这就是保龄球的手感。球出手后让手自然扬起。

(4) 原地平衡投球练习。左脚内侧在第17块木板的边线上，脚尖距犯规线7厘米，与膝盖、肩垂成一直线，身体呈屈俯状态。右脚向左后方伸出，脚尖作支点。左手向外侧展平。右手握球，手腕伸直，手臂自然放松不要有力。大拇指在10点钟位置，中指、无名指在4～5点钟位置，球处在垂直线上，眼睛盯住2号目标箭头。球通过起动，开始垂直前摆、垂直后摆，后摆高度尽量与肩齐平，以球的惯性回摆，回摆到距球道15～20厘米高度时，把球朝2号目标箭头送出。这时大拇指自然而然地先行脱出球孔，中指、无名指向上钩提后脱出指孔，右手与2号箭头成一直线，随后顺势自然扬起。练习时球瓶区不必放球瓶，以技术动作和落球点正确为目的。整个身体保持平衡，出手角度为90°，球通过2号目标箭头，进一步体会球的手感。

(5) 滑步投球练习。球员站在第三步的位置上，省略正常投球中开始的三步助跑，把上面几个练习中的技术动作，加上一个滑步，连贯起来一次完成。

动作的具体做法是：推球—垂直下摆—垂直后摆，在垂直后摆的同时身体重心移至右脚；迈出左脚时脚跟不要着地，完成一个滑步；当右脚滑到离犯规线7厘米处时，脚跟着地刹住车，这时左脚尖与膝盖、肩成一直线，身体微微前冲；随后把身体重心移到左脚，成弓箭步，右脚自然向左后方伸出，脚尖作支点；左手向外侧平展，保持身体平衡，右手将球投出。

3.1.2 保龄球接待工作程序与服务规范

1. 迎宾接待服务

(1) 服务员面带微笑，主动问候客人，如客人需要脱衣摘帽，服务员要主动为客人服务，并将衣帽挂在衣架上，请客人在场地使用登记表上签字。

(2) 请客人到服务台办理手续。服务台接待员应礼貌地招呼客人，问清客人是否已经有预订，如预订，则在确定预订内容后，办理开道手续；若客人没有预订，又遇客满，要礼貌地请客人排队等候。对于住店的客人，请其出示房卡或房间钥匙，并准确记录客人的姓名和房号。如有需要，可为客人寄存物品。

(3) 根据客人要求、人数和球道出租情况安排球道。为客人办理领鞋手续后，引领客人到安排好的球道打球。在计分台上为客人设定人数和局数，打开计算机，使屏幕自动显示每次投球的积分情况。

2. 室内接待服务

(1) 提醒客人换好保龄球鞋，并向客人介绍活动规则和活动须知。

(2) 客人选球时，服务员要耐心介绍球的重量，协助客人选好合适的球。

(3) 客人娱乐时，服务员要主动征询客人意见，根据客人需要及时提供饮料、面巾等。

(4) 客人要求陪打时，服务员应礼让在先，对客人击出的好球鼓掌示意；陪打时应注意分寸，掌握好输赢的尺度，尽量让客人打得尽兴。

(5) 客人打球时，球场服务员应进行巡视，观察设备运行是否正常，保证记分显示、球路显示等正常运行，排除一般性故障。客人休息时，主动上前询问客人是否需要饮料、小吃等，并迅速提供服务。

(6) 当客人示意结账时，服务员要主动上前将账单递送给客人，并提醒客人交还保龄球鞋。

(7) 客人要求挂账时，服务员要请客人出示房卡并与前台收银处联系，待确认后要请客人签字并认真核对客人笔迹，如未获前台收银处同意或认定笔迹不一致，则请客人以现金结付。

3. 送别客人

(1) 客人离开时，要主动提醒客人不要忘记随身物品，并协助客人穿戴好衣帽。

(2) 服务员将客人送至门口，向客人道别、致谢，欢迎再次光临。

(3) 迅速整理场地，打扫球道的座位区、地面、计分台、茶几等，准备迎接下一批客人。

(4) 发现客人遗落的物品，应及时归还。无法找到失主时，应及时向经理汇报，并上交遗落物品。

3.1.3　保龄球日常清洁保养

(1) 发球区。用尘拖除尘，然后用地面抛光机打磨，每天一次。使用频率不高时可只用尘拖除尘，不必每天抛光打磨。

(2) 球道。用专用除油拖推除球道油，然后用打磨机打磨，再用涂油机涂油，无涂油机的球馆可用油拖人工上油。

注：上述两项清洁要求是对美国宾士城GSIO硬质合成球道而言，如果是其他品牌或型号的球道，其清洁要求会有所区别。

(3) 置瓶区。每天用除油拖除油，然后用除尘拖擦净。

(4) 球沟及回球道盖板。每天用半干拖把除尘，每周一做彻底清洁。

(5) 回球机。每天用抹布擦拭，每周二做彻底清洁。

(6) 球员座椅。每天擦拭椅面和靠背，每周三做彻底清洁，包括擦拭椅腿及清理座椅附近的角落。

(7) 记分台及电脑显示屏。每天擦拭。

(8) 公用球及球架。每天擦拭，由晚班员工下班前做。

(9) 服务台。每天吸尘、擦拭，每周四做彻底清洁。

(10) 公用鞋。每用一次喷一次消毒除臭剂，每晚下班前再统一擦拭、消毒一次。

(11) 大厅地面。每天开业前用半干拖把擦拭，营业期间发现污迹随时清理，每周请绿化卫生管理部彻底清洗一次。

(12) 布景板。每周五用尘拖除尘，然后用抹布擦拭。

(13) 保龄机房。每天用拖布擦拭一次，每周做一次彻底清洁。

(14) 维修工作间。每天打扫一次卫生。

(15) 置瓶机。每天擦拭机器总数的1/15，即每台机器每半个月擦拭保养一次。

(16) 保龄瓶。每月用清洁剂擦洗一次。

部分常用保龄球术语

Strike——在一格里面的第一球打出全倒，称为"全中"；
Spare——第一球并未全倒，二击全倒；
Split——很难打到的球，俗称技术球，也叫做分屏；
Turkey——连续打出三次全倒；
Inside——出手时由球道左边出手；
Outside——出手时由球道右边出手；
Pocket——球击到球瓶时，1、3瓶先倒；
Close——球击到球瓶时，1、2瓶先倒；
退八股——飞碟球出手后往右移动；
连信——飞碟球出手后往左移动；
High Game——此球道的最高分；
Clear Game——最后一格洗沟的球局；
早安鸡——一局中最前面三格连续全倒；
海底鸡——在最后三格打出火鸡；
红盘——此球局的分数在200分以上；
黑盘——整局都没有漏捡任何一球。

情景案例

某康乐中心保龄球场，几组客人正在球道上打球娱乐，其中一组尤其活跃，高声谈笑，但动作不规范，不停出现高球击打球道的情况，引起旁边球道客人的不满，服务员小王上前说："您好，请注意动作，不要击打球道，否则按照规定会被罚款的。"其中一个客人听了，不高兴地说："动作怎么了？罚款，凭什么啊？"他的其他几位朋友也随声附和，纷纷吵着要投诉。值班经理看到了，迅速赶来，平息了此事。

思考题：
如果你是值班经理，接下来会怎么处理呢？

【知识检验与能力实训】

1. 掌握保龄球的基础装备。
2. 由学生扮演服务员与客人的角色，掌握接待保龄球客人的程序与规范。
3. 掌握保龄球装备的清洁保养方法。
4. 试述保龄球比赛的计分标准。
5. 保龄球一局最高分为多少？为什么？
6. 要想保龄球一局比赛中获得满分，需要投掷多少次球？

> **学习目标**
> - 1. 掌握台球的基本知识和基本规则。
> - 2. 能够为客人提供细致周到的台球服务。
> - 3. 能够为不同客人提供相应的结账服务和送别服务。
> - 4. 懂得对台球设施进行清洁保养。

3.2 台球

台球(也称桌球)是一种用球杆在台上击球、依靠计算得分确定比赛胜负的室内娱乐体育项目。早在16世纪时，法国贵族阶级中就流行台球这种运动。18世纪，法国举办了历史上第一次公共台球运动的竞赛。

台球是一种脑力与体力相结合的康乐活动，能陶冶人们的情操，培养人们的意志力、耐力、自控力，既是一种娱乐活动，也是一种交际活动。世界流行的台球种类主要分为英式台球、美式台球、法式台球和开伦式台球，顾名思义这是按照台球起源划分的。英式台球又包括英式比例球和斯诺克台球两类，主要流行于英国和欧洲大陆。英式比例台球又称为三球落袋式台球，属基础类型的台球，是世界上正式台球比赛项目之一。另一种英式台球斯诺克台球是世界流行的主流台球项目之一。"斯诺克"的含义为障碍，是从英文"snooker"音译而得名。斯诺克台球运动中，可以击球入袋得分，也可以有意识地打出让对方无法施展技术的障碍球，从而使对方无法正常进攻并被罚分，因此，斯诺克台球竞争激烈，趣味无穷，也是世界台球大赛的项目。

3.2.1 台球基本知识

1. 台球的主要设施

(1) 球台。球台是台球的基本设施，形似长方形会议桌，所以台球也称为"桌球"，如图3-8所示。

图3-8 台球球台

球台(站在开球区)分为底台边、顶台边、左台边、右台边。置球点是从顶台边到底台边的1/4处，与纵向中线相交的那一点，在此处摆目标球。球台长宽比应为2∶1，尺寸在

254cm×127cm左右。球台一般都是用坚硬的木材制成，特别是球台的四边，一般都采用上好的硬质木材，如柚木、橡木、樱木、楸木、菲律宾木等，这样边框弹性大，耐撞击。在木质边框上还要镶一条三角形橡胶边，以增加边框的弹性，在橡胶台边上再包裹一层呢绒。台面一般由3～4块石板铺成，石板经过磨制，表面光滑，石板接缝严密，无孔隙，石板台面上还要铺一层绿色的呢绒，使台面有一定的摩擦力。位于底台边的球袋称为底袋，左边叫左底袋，右边叫右底袋；还有两个中袋，位于左台边1/2处的球袋称为左中袋，位于右边的称为右中袋；位于顶台边的两个球袋分别为左顶袋和右顶袋。开球区是指以球台宽的1/6为半径，在分界线的中点向内区画半圆所形成的半圆区。

(2) 台球。台球是用硬质材料制成的质地均匀的球体。早期的台球是用上好的象牙制成的，现在使用的台球大多是用优质塑料制成，塑料球的弹性和韧性都比较好，表面光滑，质地均匀，重心位置准确，圆度精确，不易变形。斯诺克台球的球直径为52.5mm，重量为154.5g，如图3-9所示。

图3-9　台球

(3) 球杆。球杆是击球工具，用优质木材做成。球杆前细后粗，可长可短，由皮头、杆头、杆前部、中轮、杆后部、杆尾组成。一般长137～147厘米，重450～650克。选择球杆首先要考虑适用和不弯曲，长度以从脚量起，使杆垂直，杆头能到下颚附近为宜。杆头应平整，接口要牢固，否则不利于瞄准击球，所以要选择适合自己的球杆。球杆如图3-10所示。

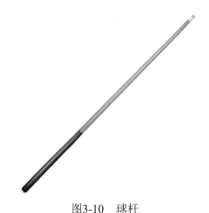

图3-10　球杆

(4) 台球球杆皮头(又名枪头)。位于球杆的最前部，皮头的质量好坏直接影响击球效果。皮头是用优质皮革制成的，富有弹性，可以控制击球时的撞击力，同时防止打滑。为了防止打滑，应在击三四次球以后在皮头上擦涂涩粉。要时常修整打磨皮头，使之处于最佳状态。

(5) 杆架、涩粉、手粉、球框。这些设备和器具起辅助作用，不同的场合和环境要求不同的种类，是必不可少的物品。

(6) 场地、灯光照明。场地要求平坦、干净、无灰尘、明亮及通风条件良好，否则有损健康。照明灯要装在较大的灯罩中，避免散射，也可以避免刺眼。灯罩应在球台上方75厘米处，一般需要300瓦的照明灯。

2. 台球基本规则

1) 斯诺克台球基本规则

(1) 各色球代表的分数。斯诺克台球球台内沿长350厘米，内沿宽175厘米，高85厘米。22个球共分8种颜色，红色球15个(1分)，黄色球1个(2分)，绿色球1个(3分)，棕色球1个(4分)，蓝色球1个(5分)，粉色球1个(6分)，黑色球一个(7分)，白色球1个(主球)。

(2) 击球规则。开球前主球可在开球区(D型区)内任选一个位置。开球必须首先直接或间接击中红球。按照击落一个红球再击落一个彩球的顺序直至红球全部落袋，其中彩球落袋后放回原置球点，然后将彩色球按照分值从低到高的顺序，即黄、绿、棕、蓝、粉、黑色球依次击落袋中。

(3) 当台面上只剩下黑球时，击球入袋或犯规都会使比赛结束。这时如果双方比分相等则重新放置黑球，进行决胜期比赛，此时无论谁击球入袋或犯规都会使比赛结束。

(4) 遇有下列犯规行为，应判罚分(分值小于4分按4分罚分，大于4分按自身的分值罚分)：球未停稳就击球；击球时杆头触击主球一次以上；击成空杆；主球击目标球后自落；击球时双脚离地；开球时主球未放入开球区(D型区)；击成跳球；击球出界；主球首先撞击非活球；击球时，球员的衣服、身体、球杆及佩戴物等接触台面上的球。

(5) 下列犯规判罚7分。击红球入袋后，尚未指定球就开始击球；击进红球后，未报彩球又击打红球；不使用白球而使用其他任何一个球作主球。

2) 美式台球比赛基本规则

比赛使用同一颗主球(白色)及1到15号共15颗目标球，1到7号球为全色球，8号为黑色球，9到15号为双色球(又称花色球)。比赛双方按规则确定一种球(全色或是花色)为自己的合法目标球，在将本方目标球全部按规则击入袋中后，再将8号球击入袋的一方获胜。若一方在比赛中途将8号球和母球误击入袋或将8号球和母球击离台面，罚球一个。击球中不准借对方的球进自己的球，否则罚球一个。一方在没有犯规的情况下击打完桌面上自己的目标球后打进8号球则对方输。

3. 台球基础动作

(1) 握杆。先用左手测试出球杆的重心点，然后在重心点后约8厘米处握杆。握杆时拇指和食指自然分开，虎口钳住杆身，其他三指并拢，自然弯曲，轻轻握住球杆。握杆的手臂和手指不要附加用力，握杆的上臂应与身体的腋下略分开一些。握杆动作如图3-11所示。

图3-11 握杆

(2) 架杆。击球前,为了架稳球杆,在瞄准时用非持杆手作支撑,把球杆放在上面击球。目前流行的基本架杆方法是:掌心向下,先将四指伸开,使指肚按在台面上,手掌略呈拱形,拇指翘起,靠紧食指根部,形成"V"形,然后将球杆架在V形槽内,击球时使球杆在槽内作直线滑动,如图3-12所示。

图3-12 架杆

(3) 环形架杆。左手手指张开,指尖略向内弯,置于台面上,小指、无名指和中指向内弯曲,使其起到支撑作用。拇指和食指扣成一个指环,将球杆穿过该指环,支撑好球杆,在杆与环的接缝处,不能留有晃动的余地,如图3-13所示。

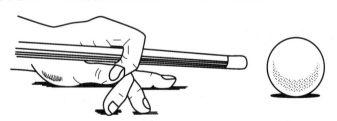

图3-13 环形架杆

(4) 站位。正确站位有助于完成正确的击球动作。右手握杆,以右脚为轴,左脚略向侧前方迈出一步,两脚分开不宜过大,身体保持平衡,上体前倾,脸的中心保持在球杆之上,架杆的手臂肘关节充分伸展。架杆手的位置应与本球保持约15厘米的距离。击球站位如图3-14所示。

图3-14　台球击球站位

(5) 击球动作。以肘部作为支点，像钟摆一样前后晃动，球杆向前移动时要平稳，直线前移，不宜上、下、左、右晃动。肘的动作要像一条链，前臂像一个钟摆。击球时以肘部作为支点，像钟摆一样前后晃动。击球时球杆要平稳，沿直线前后移动，如图3-15所示。

图3-15　台球击球动作

3.2.2　台球服务规范

1. 准备工作

(1) 检查仪表、签到上岗。工作前应按规定换好工作服，佩戴工号牌，检查自身仪表仪容，准时到岗，通过班前会接受任务，服从工作安排，有责任感，到岗后应及时查看交接班记录，从思想上、精神上做好接待服务准备。

(2) 整理台球房环境。用抹布清洁门窗、高背椅、茶几，在每个茶几上放一盆绿色植物(注意盆、垫片及植物叶面的清洁)放杯垫、烟缸各一个(标识朝外)。做好衣架、杆架、记分牌、灯罩等的清洁卫生与地面的吸尘工作。

(3) 检查整理台球设施、设备。使用专用台面刷清洁台面，在前侧正中台沿摆放巧克粉两个。保持球袋、球轨的完好，球台架杆完好、铜色光亮。三角架完好整洁，悬挂于架杆上。灯罩完好整洁，穗帘梳理整齐，灯光照明正常。备用球杆、架杆摆放到位，右侧摆放108寸长杆、96寸架杆各一支；左侧摆放90寸长杆、84寸架杆各一支；前侧摆放十字架杆一支；后侧摆放高架杆一支。弹子完好整洁，整齐摆放在球盘上，放于吧台内。球杆两套共12支，配齐、擦好巧克粉，杆头朝上直立于杆架上。计分牌使用正常，分数标归零位。

(4) 客人活动用品准备。配备足量客用白手套，整洁无破损。

2. 接待服务

(1) 热情友好，礼貌待客。应面带微笑，直立站好，双手自然相握于腹前，能正确地运用礼貌服务用语，对客人要热情打招呼，欢迎客人，并引导其进入台球房。应根据客人的需要登记、开单。服务时应文明、礼貌、热情、准确、快捷。

(2) 协助客人做好活动准备。引导客人来到指定的球台，帮客人挑选球杆，并为球杆皮头上涩粉，根据客人选定的打法，将球按规定摆好，同时问客人是否需要手套，如客人需要，应及时提供。当客人开始打球后，应在不影响客人打球的位置上，随时注意客人的其他需求。

(3) 认真做好比赛服务。客人活动时应配合进行计分，如彩球进袋应主动拾球并定位，注意台球活动的情况，当客人需要杆架时，能及时、准确地服务。

(4) 做好台球房一般服务。询问客人需要的饮料，要问清种类、数量，开好饮料单，用托盘送给客人，报上饮料名。注意要放要茶几上，不能放在球台的台帮上。每局前应递上毛巾(冬温夏凉)，及时添加饮料茶水，迅速清理好台面。

(5) 掌握分寸，做好陪练。当客人需要示范或陪打服务时，球台服务员应礼貌、认真地服务，并根据客人的心理掌握输赢尺度。

3. 结束工作

(1) 做好结束检查，结账准备。客人结束台球活动时，应及时、礼貌地检查设施、设备是否完好，如有损坏应及时与客人沟通，以便按规定处理。及时结清客人台球活动、饮料等费用，用托盘将账单递给客人，请客人过目后，交至服务台。客人结账后，应向客人致谢、道别，欢迎客人再次光临。

(2) 清理设施，做好卫生。及时清理球台，将球、球杆摆好，并做好球台及其周围的清洁卫生。如发现客人遗忘物品，应设法尽快交还客人。

3.2.3 日常清洁保养

1. 球杆的维护

球杆的主要易损部位是皮头，平均每4天左右就需要更换一次。新购球杆使用前，必须更换由压缩皮制成、含胶量较大的保护皮头。

2. 球的维护

清洗时，在30℃左右的温水盆中加入适量的液体洗涤剂，将球置入水中浸泡约5～10

分钟，如果球面有污染物需用软毛刷清除掉，然后将球取出置于另一盆30℃左右的清水盆中清洗。清洗完毕后，用质地柔软的厚毛巾将球擦干，在球的表面均匀地喷洒少量碧丽珠，用干毛巾反复擦拭即可。如果使用洗球液，滴适量溶液于球面上，直接用干毛巾擦拭即可。台球厅用球一周清洗一次。

3. 球台的维护

球台木制部分的表面可定期用碧丽珠擦拭，保持清洁光亮。高档台呢绒毛是用100%的纯羊毛织成，除尘时，应握紧软毛刷沿着顺毛方向拉直线，不能回拉或画弧线。库边与台呢夹角区域，用软毛刷的前端沿着顺毛方向拉直线。当台呢出现褶皱或发生溜球现象时，可用电熨斗将台呢熨平。保持每天清理台呢1~2次。

小知识

台球苑里的一朵奇葩

花式台球，又称九球。九球比赛是目前世界花式台球的重要项目，花式台球与英式台球的台袋口不同，英式为弧线，花式为菱角状。花式台球变化大，更讲究力学原理，规则更简单。

球用三角框排成菱形，1号球在最前方，9号球在中间，其他球随意。1号球的中心在置球点上方。9颗球必须排列紧密。开球权的取得通过比球进行，参赛双方各持一颗球，从发球线后同时向对面台边击打，反弹回来后，离底台边最近的一方取得开球权。每一局的获胜者取得下一局的开球权。

球手每次击球时，必须击打桌面上号码最小的球。如开球后没有任何球进袋，桌上仍剩9颗球，另一方就必须由1号球开打，若1号球已进袋，则要从2号球开打，以此类推，击打9号球进袋的一方获胜。九球比赛悬念很大，比赛的结果以打进9号球为赢，9号球未进之前，胜负都是未知的。

情景案例

某康乐城的值班经理接到一位顾客打来的投诉电话，顾客在电话中怒气冲冲地说："你们的台球厅服务员怎么回事，乱扣客人的钱？如果你们不给我好好解决这个问题，我要上法庭告你们去！"

"您好！我是值班经理。请您息怒，有什么问题我一定帮您解决。请问先生贵姓？"值班经理心平气和地答道。

"我姓王。我今天在你们台球厅打球，结账时服务员说缺了一个红色的球，扣了我20元。可是我根本没有拿你们的球，凭什么要我赔偿！"

"王先生，您别着急，我马上就去了解情况。请您留下电话号码，过半个小时我给您答复，您看可以吗？"

征得顾客同意后，值班经理放下了电话。

思考题：
如果你是值班经理，接下来会怎么处理呢？

【知识检验与能力实训】
1. 简述台球的基础装备。
2. 由学生进行服务员与客人的角色扮演，巩固练习接待台球客人的程序与规范。
3. 简述台球装备的清洁保养方法。
4. 试述斯诺克台球比赛的基本规则。

学习目标

> 1. 了解网球四大满贯赛事。
> 2. 掌握网球的比赛规则、记分方式。
> 3. 能够为客人提供网球服务。
> 4. 懂得对网球设施、设备进行清洁保养。

3.3 网球

网球是世界上最流行的运动项目之一。网球的起源可以追溯到12—13世纪的法国，当时在传教士中流行着一种用手掌击球的游戏，而近代网球起源英国。网球一向被冠以"贵族运动""高雅运动""文明运动"的美誉。观看重要的国际网球比赛，是许多人休闲、度假的主要内容。独特的网球文化使得网球运动成为现代社会中人崇尚的生活方式之一。

3.3.1 网球基本知识

1. 网球的主要设施、设备
1) 球场种类
(1) 草地球场(见图3-16)。草地球场是历史最悠久、最传统的一种场地。它的特点是球落地时与地面的摩擦小，球的反弹速度快，对球员的反应速度、灵敏度、奔跑速度和技巧等要求非常高。因此，草地球场常被看成"攻势网球"的天下，发球上网、随球上网等各种上网强攻战术被视为在草地网球场上制胜的法宝，底线型选手则在草地网球场上难有成就。但是，由于草地球场对草的特质、规格要求极高，加之气候的限制以及保养与维护费用昂贵，很难被推广到世界各地。每年寥寥的几个草地职业网球赛事几乎都是在英伦三岛上举行，且时间集中在六、七月份，温布尔登锦标赛是其中最古老也最负盛名的一项比赛。

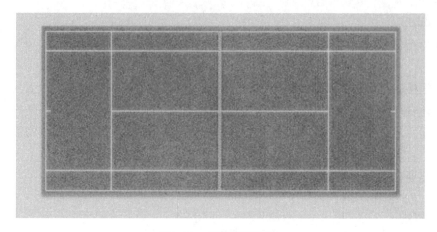

图3-16　网球草地球场

(2) 红土场地(见图3-17)。更确切的说法是"软性球场"，典型的代表就是法国网球公开赛所使用的红土场地。另外，常见的各种沙地、泥地等都可称为软性场地。此种场地的特点是球落地时与地面有较大的摩擦，球速较慢，球员在跑动中特别是在急停急回时会有很大的滑动余地，这就决定了球员必须具备比在其他场地上更出色的体能、奔跑和移动能力，以及更顽强的意志。在这种场地上比赛对球员的底线相持功夫是一个极大的考验，球员一般要付出数倍的汗水及耐心在底线与对手周旋，获胜的通常不是打法凶悍的发球上网型选手，而是在底线艰苦奋斗的一方。

图3-17　网球红土场地

(3) 硬地球场(见图3-18)。现代大部分的比赛都是在硬地网球球场上进行的，这也是最普通、最常见的一种场地。硬地网球场一般由水泥和沥青铺垫而成，其上涂有红、绿色塑胶面层，其表面平整、硬度高，球的弹跳非常有规律，但球的反弹速度很快。许多优秀的网球选手认为，硬地网球更具"爆发力"，而且网球比赛中硬地球场占主导地位，必须格外重视。需注意的是硬地不如其他质地的场地弹性好，地表的反作用强而僵硬，所以容易对球员造成伤害，而且这种伤害已使许多优秀的网球选手付出了很大代价。

图3-18 硬地网球场

2) 场地规格

(1) 球场。球场应为长78英尺(23.77米)、宽27英尺(8.23米)的矩形。中间由一条挂在最大直径为1/3英寸(0.8厘米)粗的绳索或钢丝绳上的球网分开。

(2) 球网。球网粗绳索或钢丝绳最大直径为1/3英寸(0.8厘米),网的两端应附着或挂在两个网柱顶端,网柱应为边长不超过6英寸(15厘米)的正方形方柱或直径为6英寸(15厘米)的圆柱。网柱不能超过网绳顶端1英寸(2.5厘米)。每侧网柱的中点应距场地3英尺(0.914米),网柱的高度应使网绳或钢丝绳顶端距地面的垂直距离为3英尺6英寸(1.07米)。

在单双打两用场地上悬挂双打球网的场地进行单打比赛时,球网应该由两根高度为3英尺6英寸(1.07米)的"单打支杆"支撑,该支杆截面应是边长小于3英寸(7.5厘米)的正方形方柱或直径小于3英寸(7.5厘米)的圆柱。每侧单打支杆的中点应距单打边线3英尺(0.914米)。

球网需要充分拉开,以便能够有效填补两根支柱之间的空间,并有效打开所有网孔,网孔大小以能防止球从球网中间穿过为宜。球网中点的高度应该是3英尺(0.914米),并且用不超过2英寸(5厘米)宽的完全是白色的网带向下绷紧固定。球网上端的网绳或钢丝绳要用一条白色的网带包裹住,每一面的宽度介于2英寸(5厘米)到2.5英寸(6.35厘米)。

(3) 球场线。球场两端的界线叫做底线,两边的界线叫做边线。在距离球网两侧21英尺(6.4米)的地方各画一条与球网平行的线,为发球线。

球网与每一边的发球线和边线组成的场地再被发球中线分为两个相等的区域,为发球区,发球中线是一条连接两条发球线中点并与边线平行的线,线宽为2英寸(5厘米)。每一条底线都被一条长4英寸(10厘米)、宽2英寸(5厘米)的发球中线的假定延长线分为相等的两个部分,由一条短线分隔,该短线为"中点",它与所处的底线呈直角相连,自底线向场内画。除了底线的最大宽度可以不超过4英寸(10厘米)以外,所有其他线的宽度均应在1英寸(2.5厘米)到2英寸(5厘米)之间。所有的测量都应以线的外沿为准。

网球场地规格如图3-19所示。

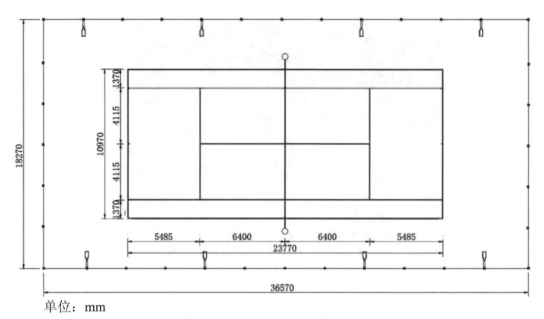

单位：mm

图3-19　网球场地规格

3) 网球

网球外部需要由纺织材料统一包裹，颜色为白色或黄色，内部用橡胶化合物制作，外表毛质均匀，接缝处需无缝线痕迹，如图3-20所示。球的直径为6.35～6.67厘米，重量为56.7～58.5克，球从2.54米高处自由落下时，能在硬地弹起1.35～1.47米高。

图3-20　网球

4) 球拍

球拍的材料主要有碳素和铝合金两种，碳素的球拍通常较轻，弹性较好，也较为坚固耐用，一般为290～425克(10～15盎司之间)。球拍通常可分为大拍面、中拍面和小拍面三类。拍面上有一块称为"甜点"的特殊区域，击球时用这个区域去触球，弹性最好，同时对手部的震动也最小。反之，如果打不中"甜点"，则较难发出力量和控制球，甚至可能将球打飞。通常拍面越大，甜点越宽，击球也越容易，但控制相对来说不够灵活。弦线分羊肠线和人造尼龙线两种,羊肠线的优点很多,如吃球深,更能控制球的旋转,弹性好等,缺点是价格昂贵,而且容易失去弹性;人造尼龙线虽然没有肠线击球的感觉那么好,不过使用寿命较长,而且随着制作工艺的提高,好的尼龙线也能较好地抓球。著名品牌网球拍如图3-21所示。

图3-21 著名品牌网球拍

5) 服装

标准的网球服装是男球手穿带领子的半袖运动T恤衫和网球短裤,女球手穿中袖或无袖上衣及短裙或连衣短裙。网球服饰通常以白色为主,进入网球场一般穿专用的网球鞋。

2. 网球计分规则

(1) 局。每局的开始比分是0:0,赢第一球时记为15分,所以,若发球员赢了这球,比分就变为15:0,若接球员赢了这球,比分就为0:15(冒号前面给出的是发球员的分数)。球员的第二球为30分,接下来为40分(在历史上,这些数字代表1/4小时,即:15、30、45,但45后来改为40)。若对方球员只有30分或还少于30分的话,那下一个球就可能赢了这一局,因为每局比赛中,至少要比对手多2球才能结束该局比赛,如果双方球员都达到了40分,此时称为"局末平分"。比赛平分时,赢第一球者被称为占先,如各赢一球,则本局再次平分,直至一方净胜对手2球为止。

(2) 盘。如果对手落后至少两局,那么先赢得6局的球员就赢了一盘。但是,若这盘是6:5,那么双方就要再打一局,如果占先者赢了,即该盘比分为7:5,判占先者赢得此盘;若另一个球员把这盘扳平为6:6,那就由决胜局(抢7局)决定谁为胜者。

(3) 赛。在3盘赛中,先赢得2盘者为胜者,即3盘2胜;在5盘赛中,先赢得3盘者为胜者,即5盘3胜。在决胜局(抢7局)中,本该轮到发球的球员先发第1球,对手接着发第2、3球,然后双方轮流发2球。先得7分的球员若至少领先对方2分,那么他就赢了该盘比赛。每6球和决胜局结束都要交换场地。不过也有例外,如果按照事先的约定,比赛采取长盘制,则没有决胜局,只有比对方多胜2局才能赢得该盘比赛。

3. 网球打法的三大类型

(1) 底线型。运动员基本上保持在底线抽球,较少上网,主要利用球的落点、速度和旋转变化控制对手,出现机会时偶尔上网。这种打法偏重防守,比较被动。近年来,在上网型打法的威胁下,出现了一种攻击性的底线打法,运动员用凶猛的底线双手抽击,使对方难以截击。世界著名网球运动员博格使用的就是这种新的底线型打法。

优秀底线型运动员一般都能掌握扎实的正、反手抽球技术，并具有相当强的攻击能力，利用快速有力的抽球打出落点深而角度刁的球，能够一拍接一拍地使用大角度的猛抽，并使球带有较强的上旋，迫使对手处于被动局面。当出现中场浅球时，以快速迎前的动作进行致命的一击。这种类型运动员虽在比赛中很少上网，但遇到少量的上网球，也能抓住时机进行网前攻击。另外在接发球和破网技术方面，能顶住对手强有力的发球，既会用隐蔽动作完成破网技术，又会抽挑结合，使对手网前难以发挥威力。

(2) 上网型。积极创造一切机会和条件上网，发球后积极争取上网，并在空中截击来球，使对手措手不及。这种打法积极主动、富有攻击性，上网后利用速度和角度造成对手还击困难，但也有一定冒险性。

优秀上网型运动员一般都能掌握发球上网和抽球上网的战术，发球技术凶狠、力量大、有威胁性，另外，截击球和高压球的攻击力也很强。

(3) 综合型。底线和上网两种打法综合使用，结合对手情况采用不同打法，随机应变。优秀综合型运动员一般都能掌握全面技术，无论是发球、接发球，还是截击和高压球，都具有很高水平，能够根据不同的对手、不同的比分、不同的临场情况采用相应战术。有时底线对抽，有时伺机上网截击，时而发力猛抽，时而稳抽稳拉，有时削放轻球，有时挑出上旋高球，充分发挥多样化技术，并结合敏捷步法，机智灵活地争取主动。

4. 网球四大满贯赛事

温布尔登网球锦标赛、法国网球公开赛、美国网球公开赛和澳大利亚网球公开赛，被称为世界四大网球公开赛。它们是每年一届的最为重要的世界性网球单项比赛，世界各地的职业选手均视获得这四大比赛的桂冠为最高荣誉。这四项赛事与奥运会合称"金满贯"。

(1) 温布尔登网球锦标赛。温布尔登网球锦标赛是现代网球史上最早的比赛，由全英俱乐部和英国草地网球协会于1877年7月创办。首次正式比赛在该俱乐部位于伦敦西南郊的温布尔登总部举行，名为"全英草地网球锦标赛"。该比赛于每年6月最后一周至7月初定期举行，已经形成传统。

(2) 法国网球公开赛。法国网球公开赛与温布尔登锦标赛一样，是世界网坛上享有盛名的传统比赛。它始于1891年，比温布尔登锦标赛晚14年，通常在每年5月下旬至6月上旬举行，是继澳大利亚公开赛之后，当年第二个进行的公开赛。比赛地点设在巴黎西部一座叫罗兰-卡罗斯的大型体育场内。

(3) 美国网球公开赛。美国网球公开赛，其历史仅次于温布尔登锦标赛，首届比赛只有男子单打，于1881年在美国罗得岛新港举行，每年举办一届，通常在8—9月。开始名为"全美冠军赛"，只是国内赛事，女子比赛始于1887年。1915年起比赛移至纽约林山进行。1968年被列为四大公开赛之一，设有5个单项比赛，是每年四大公开赛中最后举行的大赛。1970年改名为全美公开赛。由于美国网球的地位和高额奖金，以及中速硬地场地，吸引众多网球运动员参加。它的影响虽比不上温布尔登锦标赛，却高于澳大利亚甚至法国公开赛。

(4) 澳大利亚网球公开赛。澳大利亚网球公开赛是四大公开赛中最迟创建的赛事，1905年创办，赛地在墨尔本，安排在1—2月举行，它是四大赛事中每年最早举办的大赛。

由于赛地远离欧美大陆，赛事又在年初举行，时值当地盛夏，到1968年，国际网球职业化，被列为四大公开赛之一。

3.3.2 网球接待工作程序与服务规范

1. 岗前准备工作

(1) 上岗前自我检查，做到仪容仪表端庄、整洁，符合要求。

(2) 开窗或打开换气扇通风，清洁室内环境及设备。

(3) 检查并消毒酒吧器具和其他客用品，发现破损及时更新。

(4) 补齐各类营业用品和服务用品，整理好营业所需的桌椅。

(5) 查阅值班日志，了解宾客预订情况和其他需要继续完成的工作。

(6) 最后检查一次服务工作准备情况，处于规定工作位置，做好迎客准备。

2. 迎宾

服务员面带微笑，主动问候客人，并请客人在场地使用登记表上签字。

3. 室内服务

(1) 为客人办好活动手续，并提醒客人换好网球服和网球鞋；

(2) 客人换好球服、球鞋后，引领客人到选定球场；

(3) 客人打球时，服务员要端正站立一旁，为客人提供捡球服务；

(4) 如客人要求陪打时，服务员要认真提供陪打服务，视客人球技控制输赢，以提高客人打球兴趣；

(5) 客人休息时，服务员要根据客人需要及时提供饮料、面巾等服务；

(6) 客人打球结束，服务员要主动征询客人意见，如客人需要淋浴，则将客人引领到淋浴室并为客人准备好毛巾和拖鞋；

(7) 当客人示意结账时，服务员要主动上前将账单递送给客人；

(8) 如客人要求挂账，服务员要请客人出示房卡并与前台收银处联系，待确认后要请客人签字并认真核对客人笔迹，如未获前台收银处同意或认定笔迹不一致，则请客人以现金结付；

(9) 客人离开时要主动提醒客人不要忘记随身物品，并协助客人穿戴好衣帽。

3.3.3 网球场日常清洁保养

(1) 保持场地清洁，可以用胶皮水管接水冲洗，若粘上油污可用浓度为10%的氨水或洗涤剂擦洗干净，每天清扫一次；

(2) 胶皮水管在使用时应根据场地离水源的距离，准备出比较富余的长度，以备冲刷场地时方便使用；

(3) 打扫网球场地的扫把一般采用天然草竹扫把，最好不要使用市场上常见的尼龙丝类的扫把，因为这种扫把会经常掉毛，而尼龙丝类的纤维物落在场地上，不但容易让人滑倒，带来危险，而且难以清理干净；

(4) 雨雪天气后，用推水器推扫塑胶场地上的积水；

(5) 不同材质的塑胶场地必须注意防止化学溶剂、有色素饮料的污染，禁止在场地上进行基础作业，防止敲打、划伤地面表层。

网球基本握拍方法

1. 大陆式握拍

在人们穿着长裤、长裙打网球的时候，大陆式握法可是万能的。目前，针对发球、截击、过顶高压、切球和防守等技术，大陆式握拍依然是最佳选择。让食指的最后一个关节置于第一条窄棱上，虎口V字恰好顶在拍柄的最上端，就是大陆式握拍。对发球和过顶高压来说，它能使你的前臂和手腕自然转动，在最后阶段的爆发效果明显，让拍面自然产生下压的运动轨迹通过击球区，击球更具威力。在打截击的时候，大陆式握拍会使拍面略微打开，更方便打出下旋球，控制起来也更容易。另外，用大陆式握拍打截击时，正反拍不需要更换握法，能在网前争取更多的时间。用大陆式握拍可以打出平击球或下旋球，但很难施加上旋。

2. 东方式正手握拍

从技术的角度讲，东方式正手握拍就是先以大陆式握拍法持拍，然后向逆时针方向旋转球拍(左手握拍的选手需向顺时针方向转动)，直到食指的根部压到下一个接触的斜面为止。东方式正手握拍可以称为"万能握拍法"。采用这种握拍方法，拍面可以通过摩擦球的后部击出上旋球，还可以打出有很大力量和穿透性的平击球。同时，东方式握拍很容易转换到其他握拍方式，因此，对那些喜欢上网的选手，东方式握拍是不错的选择，但它不适用于打高球。

3. 半西方式正手握拍

以东方式握拍法持拍，然后沿逆时针方向旋转(左手握拍则沿顺时针方向旋转)球拍，使食指根部压在下一条拍棱上。在职业网球巡回赛中，底线力量型选手多采用这种握拍方法。它可以让选手将球打出更多上旋，使球更容易过网，也更好控制线路，因此，它很适合打上旋高球和小角度的击球，同时，它还可以打出更深远的平击球。它还适合大幅度地引拍，强烈的上旋有助于把更多的球打在场内，更有利于控制高球。但是，半西方式握拍不适合回击低球。

4. 西方式正手握拍

在半西方式握拍的基础上，逆时针转动拍面(左手握拍则顺时针转动)，使食指根部接触到下一个平面，这就是完全的西方式握拍法。喜欢打强烈上旋的土场选手多采用这种握拍法。手腕的位置迫使拍面强烈地击打球的后部，从而产生更多的上旋。你可以让击出的球恰好过网，过网后它就会立刻下坠，而球在落地后还会高高地弹起，这就会迫使你的对手退至底线后回球。但回击低球是此种握拍法的致命缺点。

5. 东方式反拍握法

先用大陆式握拍法握住球拍，手掌逆时针转动拍柄至最上端的宽棱上(左撇子需要顺时针转到同一位置)，食指最下面的关节恰好顶在这条宽棱上，就是东方式反拍握法。既方便手腕保持稳固，还可以自由打出平击球和旋转球。打切球时，有些球员也喜欢用东方式反拍，如果你感觉这样不舒服的话，变换到大陆式握拍相当容易。另外，若用东方式反拍发切削球，也非常有效。但东方式反拍打肩膀高度的上旋球时，效果差。

6. 超东方式反手握拍

这是使用西方式正手握拍法的选手多采用的反手握拍法，因此也有人将其称为半西方反手握拍。可以先采用大陆式握拍法握拍，然后逆时针将球拍转至下一个平面，你的食指根部仍处于拍柄的上端，但其他三个手指根部几乎与食指处于一条与拍柄平行的直线上。这种握拍法有利于处理高球，而且也容易打出带上旋的回球，但不适合处理低球。

7. 双手反拍握法

持拍手用大陆式握拍法抓住拍柄的下端，非持拍手用半东方式正手握拍法抓住拍柄的上端。对力量较弱的球员来说，用双手反拍替换单手反拍是不错的选择。这种握拍法挥拍的幅度更短也更有效，触球比单手反拍更充分，接发球时这些优点表现得尤其明显。另外，双手反拍不仅接反弹较低的来球不费力，遇到肩膀高度的球时，因为增加了一只手臂的力量，控制起来也不难。但两只手都握在球拍上，球员的防守范围也被相应削减。

情景案例

一天，某酒店内，一企业会务组的经办人员张先生整合几个客户在网球场休息区休息聊天，忽然见到一个与其业务联系的熟人，于是张先生就招呼他一起聊天，而张先生所在的区域已经坐满人，于是叫服务人员为其增加一把椅子。过了一会儿，张先生发现增加了椅子，却没有及时增加茶杯，觉得很不礼貌。他叫来服务人员询问，服务员小李解释道："主要是因为桌面太小，茶杯恐怕放不下。"直到张先生找到网球场领班，才顺利地解决了茶杯问题。 一番畅谈之后，张先生打算安排客户们参加其他娱乐活动，到康乐部前台询问服务员小赵："请问棋牌室怎么走？"小赵抱歉地笑了笑说："对不起，先生，我不知道。"张先生扫兴地摇了摇头。

思考题：

1. 服务员小李的做法对吗？
2. 令张先生扫兴的原因是什么？作为一个客人，他希望得到什么样的服务？
3. 如果你是小赵，你会怎么做？
4. 进行网球服务的时候需要注意什么？

【知识检验与能力实训】

1. 简述网球的基础装备。
2. 由学生进行服务员与客人的角色扮演，巩固练习接待网球客人的程序与规范。

3. 简述网球装备的清洁保养方法。
4. 试述网球比赛的四大满贯赛事。

学习目标

> 1. 掌握高尔夫运动的基本知识。
> 2. 掌握高尔夫球场服务标准,能够为客人提供细致周到的高尔夫服务,能够为不同客人提供相应的结账服务和送别服务。
> 3. 能够对高尔夫球场草地和设施、设备进行维护保养。

3.4 高尔夫

据考证,高尔夫这个词最早出现在1457年苏格兰议会文件中。高尔夫的起源来自一个传说,有一名苏格兰牧羊人在一次偶然用牧羊棍的把手将一颗圆石子击入兔子洞中,从而得到启发,发明了高尔夫这项贵族运动。早在苏格兰打高尔夫球之前,在中国和古罗马都曾流行过类似高尔夫球的以杆击球的游戏。公元前二三百年时,中国有种被形象地称为"捶丸"的游戏,公元前27年至公元395年的古罗马有一种以木杆击打羽毛充塞制成的球的游戏。1754年,在苏格兰圣安德鲁斯市正式组织了"圣安德鲁斯市皇家古典高尔夫俱乐部"。该俱乐部由22个贵族和绅士建立。他们还制定了13条基本的高尔夫球规则。现在,世界上成千上万的高尔夫球场还沿用着这些规则。

3.4.1 高尔夫基本知识

"高尔夫"源自苏格兰的方言"Gouf","高尔夫"是GOLF的音译,G:Green,代表绿色;O:Oxygen,代表氧气;L:Light,代表阳光;F:Friendship,代表友谊(或Foot,代表徒步)。高尔夫运动是世界五大运动之一,其他四项是足球、篮球、网球、方程式赛车。高尔夫运动是一项陶冶性情、领悟人生的运动,也是社交性很强的运动。

1. 高尔夫的基本设施和装备

1) 球场

标准的高尔夫球场长为5943~6400米,宽度不定,总占地约60公顷,共设18个洞,每个洞的距离约在100~600码(90~540米),每个洞所在地场地都设有开球台,比赛从1号洞开始,依次打完18个洞称为一场球。比赛的胜负取决于各选手击球入洞的总杆数。高尔夫球场呈带状,铺设在一片开阔地上。球场包括开球草坪,开球时将一支球托安插在平整的草坪上,然后把高尔夫球放在球托上,之后用球杆将球击出。击球的目的是为了把球击进或击向一个球洞。球洞位于一块平整的草坪上,用一个标志旗示意球洞所在。球被击进洞后,该洞所在的草坪即变成新的开球草坪,把球击向下一个球洞。洞与洞之间一般相距90

米到540米不等，每个球洞周围都有天然的或人工设置的种种障碍，例如：沙坑、草丛、小溪、池塘，或是灌木丛。高尔夫球场鸟瞰图如图3-22所示。

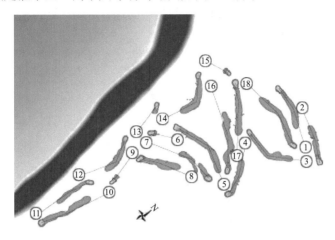

图3-22　高尔夫球场鸟瞰图

2) 球

大部分高尔夫球为白色，也有红色、橙色的，如图3-23所示。高尔夫球有实心和空心两种，实心又分为单层、双层、三层三种，多为业余选手使用；职业选手多用内层为缠绕式的空心球，质地坚硬，富有弹性，表面按照不同方式排列着凹坑。高尔夫球的直径不少于4.27厘米，重量为45.93克，标准球速为75米/秒。

球主要分两类：旋转型与距离型。旋转型，专为多旋转而设计。这类球一般具有三层结构，中心球核(最高速旋转球内的液体)被橡胶卷带环绕，覆盖一种叫做巴拉塔的薄薄的柔软材料。这种球旋转速度快，容易左旋或右旋。它们手感较柔软，但运行距离不如距离型球远。这种球价格便宜，有很长的耐久性。覆盖物通常是沙淋(一种耐用的合成材料)或沙淋混合物，它可以为两层而不是三层，具有实心球核。距离型球用较硬的更耐久的覆盖物制成，球核为实心，多为两层。距离型球的内侧为结实的合成材料。这类球的覆盖物与球核具有混合牢固性，因此可运行更远的距离，非常耐用。但是，这种球的旋转性不好，在某些情况下控制与停止能力不佳。与带有缠绕结构的球比较，这种球有较高的硬度。

图3-23　高尔夫球

3) 球杆

球杆由杆头、杆身与握把三部分组成(见图3-24)，其长度为1.15～1.57米。根据击球远近的不同需要，每个选手最多可带14根各种类型的球杆进场。这14根球杆以如下配置为宜：4根木杆、9根铁杆和1根推杆。

图3-24　高尔夫球杆

木杆多以柿木制成，依照其长度和杆夹斜面的角度可分为不同的号。号数越小，长度越长，球也打得越高、越远。木杆多在发球区使用，最常用的有1、3、4、5号杆，对初学者而言，3号木杆较为适用。铁杆以软铁制作杆头，比木杆稍薄、小。它主要是用来击打短距离球，铁杆可粗略分为长、中、短三类。长铁杆易于把握方向性；中铁杆容易挥动，易于上手，适合初学者；短铁杆适用于在困难位置击球。推杆杆头也是由软铁制成，主要用来推球入洞。推杆可分为T型、L型和D型，杆面平直是它们共有的特点。高尔夫球木杆、铁杆、推杆如图3-25所示。

图3-25　高尔夫木杆、铁杆、推杆

4) 球包

高尔夫球是一项要求严格的运动，因此所需配备的器材较多。外出打球，随身装备有时候需要经过海、陆、空多种交通工具的运输，路途难免颠簸，所以旅程中最好事先准备好专业设备保护好高尔夫球装备。

(1) 高尔夫球具包(见图3-26)。高尔夫球具包多为皮制，好的球具包应具有置杆平稳、质感平滑、整体骨架牢固等特点，在选择购买的时候，一定要确定球具包的坚固性和稳定性。

一般来说，球具包重量为3～5公斤，女士用包比男士用包要小巧一些，因此也会轻一些。

图3-26　高尔夫球具包

(2) 高尔夫专业托运包(见图3-27)。如果要外出开展高尔夫球之旅，一定免不了要将球具包作为行李进行托运。这时最好另外购买一个旅行专用的托运球包袋。旅行专用托运包可以将普通球具包完全装入其中，并有两个厚厚的海绵垫将其裹住并固定，托运包内层有不少柔软的海绵垫，这样可以防止精巧的高尔夫球具在飞机上受碰撞，坚实地保护高尔夫球具的安全。

图3-27　高尔夫专业托运包

(3) 高尔夫手提旅行袋(见图3-28)。许多较为专业的高尔夫球爱好者在外出打球时会带上一个特制的手提高尔夫球旅行袋。这种旅行袋的设置十分精巧，一般分为上下两层，上面用来装打球用的衣物、手套等，下面则做薄箱形的厚实设计，拉开拉链环，刚好可以将一双高尔夫球鞋放进去。

图3-28　高尔夫手提旅行袋

5) 高尔夫球衣、球帽、手套

如图3-29所示，球员上身穿着有领有袖的体恤衫，不允许球员穿圆领汗衫、吊带背心、牛仔系列服装、超短裙、过短短裤等过于休闲的服装上场。当你在穿球衣时，要让袖子长度在肩膀至手肘长度的四分之三处。当你在球衣外面套上圆领毛衣的时候，应当把球衫的领子收在里面。长球裤的裤脚应当触碰鞋子上方。

球帽可以防止紫外线对皮肤的直接伤害，减少太阳光线过强对打球视线的影响。因此，我们在选择高尔夫球帽时，球帽的帽檐可以尽量大一些，这样可以尽量多地阻挡阳光直射皮肤，同时，最好挑选能够真正抵御紫外线的。

高尔夫手套用来避免手部的汗水接触到球杆，要尽量选择透气性、吸汗性比较好的高尔夫手套，一般球手只戴一只(左手)。一般以牛皮制作的高尔夫球手套较好，小羊皮手套略显高级与昂贵，人造皮革制手套则物美价廉。初学男士可以戴一只左手手套，女士建议戴两只，因为初学很容易伤手。

图3-29　高尔夫球衣、球帽、手套

2. 高尔夫的比赛形式

高尔夫的比赛形式可分为比杆赛及比洞赛两种，其中，以比杆赛的形式较为常见。

(1) 比杆赛就是将每一洞的杆数累计起来，待打完一场(十八洞)后，把全部杆数加起来，以总杆数来评定胜负。

(2) 比洞赛亦是以杆数为基础，其不同之处在于比洞赛是以每洞的杆数决定该洞的胜负，每场再以累积的胜负洞数来裁定成绩。

(3) 省略进洞之差异。比杆赛规定必须待球被击入球洞后，才可移往下一洞的开球台去开球，而比洞赛是在每一洞就决定胜负，因此只要对方同意就不必坚持球皆需进洞的原则。

(4) 罚则之差别。在比杆赛和比洞赛中，选手违反规则所受处罚也有所不同。一般而言，比杆赛的罚则是罚两杆，而比洞赛的罚则为处罚其该洞输球。

3. 高尔夫的基本动作

高尔夫击球基本动作可分为三步，如图3-30所示。

图3-30　高尔夫击球的基本动作

第一步：挥杆前的准备动作。握紧球杆顶端、瞄准、站姿正确，做好打球准备。

第二步：当手臂举过右肩膀的时候，将重心右移。要注意动力平衡、挥杆弧线与地面所形成的角度、打球姿势、球杆上下挥动所划出的弧线长度等。

第三步：当手臂举过左肩膀的时候，将重心左移。要注意协调挥杆速度、力道、球杆挥动所划出的弧线宽度，向上挥杆时，左手臂上半截与身体上半截保持接近，以杆头面的中心点打中球的适当部位。

3.4.2　高尔夫的接待工作程序与服务规范

1. 岗前准备工作

(1) 上岗前自我检查，做到仪容仪表端庄、整洁；
(2) 检查客用品，发现破损及时更换；
(3) 补齐各类营业用品和服务用品；
(4) 查阅值班日志，了解宾客预订情况和其他需要继续完成的工作；
(5) 最后检查一次服务工作准备情况，处于规定工作位置，做好迎客准备。

2. 迎宾

主动帮客人背球包，要很有礼貌地和客人打招呼，主动问候客人，并请客人在场地使用登记表上签字。

3. 打球服务

(1) 为客人办好活动手续，并提醒客人换好专用球鞋；
(2) 客人换好球鞋后，引领客人到球场；
(3) 客人打球时，服务员要跟随客人，征得客人同意后，为客人打开球包，准备好球杆，为客人提供各种高尔夫球服务；
(4) 客人休息时，服务员要根据客人需要及时提供饮料、面巾等服务；
(5) 客人打球结束，服务员必须为客人精心地擦拭球杆；主动征询客人意见，如客人需要淋浴，则将客人引领到淋浴室并为客人准备好毛巾和拖鞋；
(6) 当客人示意结账时，服务员要主动上前将账单递送给客人；

(7) 如客人要求挂账，服务员要请客人出示房卡并与前台收银处联系，待确认后要请客人签字并认真核对客人笔迹，如未获前台收银处同意或认定笔迹不一致，则请客人以现金结付；

(8) 客人离开时要主动提醒客人不要忘记随身物品，并帮助客人穿戴好衣帽。

4. 送别客人

(1) 服务员为客人背包到车旁，帮客人放好包后恭送客人离开，或将客人送至门口，向客人道别；

(2) 迅速整理好场地，准备迎接下一批客人的到来。

3.4.3 高尔夫球杆的清洁保养

高尔夫球杆使用一段时间后，因为沙尘及汗水的沾染，击球时会有滑竿现象，可对客人的球杆进行简单保养服务。

(1) 准备工具：软性刷子、布、偏中性清洁剂。

(2) 注意在清洗过程中，应先将杆底朝下，这样才不会让水由杆底的通风口流进杆心内，再将适量清洁剂倒入软刷内进行清洗。

(3) 用水将清洁剂泡沫冲洗干净，仔细看一下冲下来的污水，记得要将杆底朝下，以免水经由杆底的透气孔渗入杆身内。

(4) 用干净的布，将握把擦干，然后将球杆置阴凉处风干。

(5) 整理球包。

小知识

高尔夫比赛常用语

标准杆数：选手将球从开球区击到球洞内所需的击球次数。每个洞的标准杆由该洞场地大小决定。一般高尔夫球场设4个3杆洞，4个5杆洞和10个4杆洞，比赛球场为18洞，标准杆72杆。

帕(Par)：球员击球入洞的杆数与标准杆数相同。

小鸟球(Birdie)：击球杆数低于标准杆数1杆的球。

老鹰球(Eagle)：低于标准杆数2杆的球。

补给(Bogey)：击球杆数比标准杆数多1杆的球。

双鹰球(Double Eagle)：球手在一个球洞上获得了低于标准杆3杆的球，只能发生在4杆或5杆洞。

情景案例

金先生是某高尔夫球场新会员，一天他与朋友正在打高尔夫球。金先生挥杆击球后，朋友大声喝彩,服务员小王也鼓掌喝彩,并对金先生说:"如果您用7号杆会更适合。"金先生听后微有不悦,在后面的打球过程中,小王不停地向金先生提出建议,最后金先生很是生气,收杆不玩了。

思考题:
1. 小王的服务是否到位?
2. 如何向客人提供更满意的服务?

【知识检验与能力实训】
1. 简述高尔夫的基础设备。
2. 由学生进行服务员与客人的角色扮演,巩固练习接待高尔夫客人的程序与规范。
3. 简述高尔夫设备的清洁保养方法。
4. 列举高尔夫比赛常用语。

第4章 保健项目服务技能

保健项目就是指通过提供相应的设施、设备或服务作用于人体，使顾客达到放松肌肉、促进循环、消除疲劳、恢复体力、养护皮肤、改善容颜等目的的活动项目。

学习目标

> 1. 桑拿部服务员应能熟练地按程序接待客人，并提供规范服务。
> 2. 能向客人介绍桑拿设备的使用方法。
> 3. 能对桑拿房设备进行日常清洁保养。

4.1 桑拿

桑拿浴的英文是Sauna，原指芬兰式的蒸汽浴，现在则泛指蒸汽浴。桑拿浴分干桑拿和湿桑拿两种。干桑拿也叫芬兰浴。洗芬兰浴时，浴者坐在木质结构的浴室内根据自己的需要向桑拿炉内烧着的灼热的石头上淋水，水迅速蒸发成灼热的水蒸汽，在这灼热的水蒸汽环境中，浴者体内水分迅速变成汗液排出体外。湿桑拿起源于土耳其，所以又称土耳其浴。沐浴时，需不断往散热器上淋水，或是根据需要控制专用的蒸汽发生器的开关，使浴室内充满湿热的水蒸汽。

4.1.1 桑拿基础知识

1. 芬兰浴

桑拿室一定要用木材建造，其中包括蒸汽房、洗澡间和更衣室。蒸汽房中有铁造的或砖砌的放置加热石头的装置。室温通常在50℃～80℃，湿度规定1立方米空气含水蒸汽50～60克。为了调节湿度及通风，蒸汽房顶必须装有可开关的小窗。芬兰浴要先淋浴清洁，随即赤身进入蒸汽房(除了私家桑拿，芬兰所有桑拿安排男女分开使用，毛巾只用来垫坐)。享受热汽蒸浴时，浴者都以浸软的白桦树枝叶拍打身体，让血液运行加快，皮肤毛孔尽量张开，汗水更顺畅地流出体外。当出一段时间汗后，浴者便要淋浴清洁并冷却身体(如桑拿位于湖畔或适值冰冷冬天，人们索性直接跳入湖水或雪地掘出的冰水池中)，待热气散去后再回蒸汽房拍打、出汗，接着又回水中冷却。这样来回数遍，体内污垢排出，人也充分松弛，最后彻底清洁，芬兰浴才算完成。浴后一定要吃一些高盐分食物，以补充身体所流失的盐分。芬兰浴如图4-1所示。

图4-1 芬兰浴

2. 土耳其浴

传统土耳其浴有温水、蒸汽和热水等步骤。首先用温水把全身淋湿,然后进桑拿房做蒸汽浴,再由服务员进行按摩,最后用热水冲洗。浴室是由白色大理石建成的,地板、穹顶、水槽不例外,墙壁上刻有精美的伊斯兰图案。在浴室的正中央有一块约0.5米高的大理石平台(俗称肚皮石),从平台的下面冒出均匀的热汽。从桑拿房里面出来的时候,身上已经是大汗淋漓,然后就可以舒展四肢躺在肚皮石上,由双手涂满橄榄油的被称为"坦拉克"的按摩师进行按摩。肚皮石周围有冲洗身体的花洒、水喉、水桶、瓢、肥皂等。土耳其浴如图4-2所示。

图4-2 土耳其浴

4.1.2 桑拿服务流程

1. 前更衣区的服务规范

(1) 在大堂与更衣室之间迎接客人,主动向客人打招呼问好,双手接过客人的钥匙牌,引导客人至更衣柜前,为客人开更衣柜,协助客人更衣,请客人换鞋,同时把拖鞋交给客人,用浴巾围住客人。

(2) 在客人视线内将更衣柜锁好，请客人检查是否已锁好，用双手将钥匙牌递给客人，将客人引至浴区，通知浴区服务员迎接，回来后将客人的皮鞋送至擦鞋处。

(3) 当客人回到更衣室时，服务基本如上；当客人离开时，请客人检查柜内是否有遗留物品，通知收银结账。

2. 浴区的服务规范

(1) 当客人进入浴区时，主动向客人打招呼，向客人介绍浴区内所有设备、设施，将客人引至淋浴处，替客人调好水温，将客人的毛巾挂好。

(2) 当客人进入桑拿房时，及时递送毛巾、冰水，并随时注意桑拿房内温度的调节。

(3) 如遇年老、身体欠佳或醉酒的客人，应加倍注意，在可能的情况下要跟踪服务。

(4) 在营业中多巡视，以确保客人安全，防止意外事故的发生。

3. 后更衣区的服务规范

(1) 客人进入后更衣区时，用浴巾为客人擦干身体，特别是后身。

(2) 选择合适的浴袍、浴裤为客人穿上。

(3) 请客人选用化妆品。

(4) 后更衣区布件必须一客一换。

4. 休息区的服务规范

(1) 服务员站立门口一侧，每位客人进入休息区时，服务员主动上前招呼客人，用敬语询问客人人数，引导客人进入不同区域、椅位，帮助客人打开脚凳，请客人坐下，替客人盖上大浴巾，将客人的拖鞋放在沙发与脚凳之间。

(2) 取两支棉棒交给客人，问客人需要何种品牌的香烟，打开烟盒，并为客人点烟。

(3) 询问客人需要何种饮品，通知吧台，在吧台出品过程中，用托盘装好一条小方巾，并同饮品一起送给客人。

(4) 每隔15分钟询问客人是否需要更换饮品，添加饮料，随时清洁台面物品，更换烟缸。

(5) 如遇客人挥手示意，服务员应立即到客人面前询问客人有何需要并及时服务。

(6) 当客人需做特色服务项目时，应请客人稍等，马上通知技师领班。

(7) 客人因做按摩而离开休息区时，应及时清理台面，叠好浴巾，补充更换用品。

(8) 当客人离开休息区时，服务员应送至门口，用敬语请客人再次光临。

4.1.3 桑拿保洁

1. 前更衣区

(1) 营业前将地毯或地板清洁干净。

(2) 整理台面备品并补充齐全，将梳妆镜擦拭干净。

(3) 不要将有水迹的拖鞋和潮湿的浴巾放入衣柜内。

(4) 收拾后倒垃圾，将鞋房清理干净。

(5) 将各种备品用具收拾妥当。

(6) 清理手盆。

2. 淋浴间

(1) 及时清理客人用过的物品。

(2) 及时擦拭客人用过的淋浴间，不留水迹，着重擦拭金属器具。

(3) 不要将有水迹的拖鞋和湿浴巾放入衣柜。

(4) 将各种备品用具收拾妥当。

(5) 清理手盆。

(6) 时常翻洗地席，以免产生异味。

(7) 随时将客人用过的洗发精、淋浴液瓶子擦干净。

(8) 清理客人在池边丢弃的浴巾、毛巾等物品。

3. 干、湿蒸房

(1) 随时清理客人用过的物品。

(2) 低峰期，用清水冲洗湿蒸房，消除异味。

(3) 保持池边台面干爽，及时清理客人丢弃的物品。

(4) 收拾后将干、湿蒸房门打开，保证空气流通。

4. 后更衣区

(1) 保持布件柜无灰尘。

(2) 将布件摆放整齐。

(3) 及时清理客人用过的物品和堆积的布件。

(4) 收拾后将用过的拖鞋清洁消毒并摆放晾干。

5. 休息区

(1) 每天开业前检查吧台、地面、茶几面是否干净。

(2) 每天检查浴巾是否干净，保证浴巾无污迹，随时更换脏浴巾。

(3) 随时清理吧台桌面，保证无污迹。

(4) 收拾后清理地面、桌面，将脏布草送至洗衣房。

6. 其他

(1) 定期更换池水。

(2) 注意各区死角卫生。

(3) 随时清洗搓背区地面、墙壁及床面，保证无滑腻感。

(4) 保证各个通道门、地面、镜柜、墙面、地角线清洁。

(5) 经常冲刷地沟，保证无阴塞、无异味。

小知识

SPA

SPA源于拉丁文"Solus Por Aqua"。其中，Solus是指健康，Por是指经由，Aqua是指水，也就是说：健康是由水产生的(在水中做桑拿)。十五世纪左右，比利时居民就开始用富含矿物质的热水来治疗疼痛与疾病，因此比利时可以说是现代SPA的发源地。SPA被视为健康水疗法，广义的SPA包含水疗、三温暖、温泉、健身、美容、按摩、瘦身及芳香疗法，也包含身体、心理、灵魂的全面洗涤与保养。

水疗法(Hydrotherapy)是一种早在公元前2400年时，就已开始使用的物理治疗方法。它发生在动态的水环境中，它的生物作用与水的物理学、流体力学及热力学有关，还与水中浸泡对人心理的影响有关。

水具有浮力、压力与阻力。借着浮力，可辅助肢体在水中运动，同时减轻关节肌肉的压力，并可做肌力训练。肢体浸入水中越深，压力越大。水分子造成水粘滞性增加，而较大范围肢体在水中运动，相对的阻力就会增加。水疗的水温约在34℃至37℃，可视使用者的需要调节温度。

水疗法主要通过温度刺激作用、机械刺激作用和化学刺激作用来达到治疗的目的。各种水疗法的治疗效果不同与三种因素所占比重有关，水中运动疗法在此基础上强调在水中的运动效果。

水疗法对人体的作用是以水这个媒介物作为一种外因刺激来改变外界环境，并通过神经—体液的调节机制，引起体内器官功能变化。水疗法的主要作用包括以下几点。

(1) 水疗是一种全身性热疗，加上在水中进行运动治疗可促进血液循环、新陈代谢，减轻疼痛。

(2) 水疗过程中可有效地减轻关节压力，增加肌力、耐力、肌肉柔软度和关节活动范围。

(3) 增进协调性、平衡性和心肺耐力，是良好的感觉刺激。

(4) 水疗是良好的松弛运动，可舒缓身心压力，有益健康，对病患的心理有很大的助益等。

情景案例

某洗浴中心，一客人到达浴场后未淋浴便要直接进入泡池，小王上前劝阻说："先生，请先淋浴。"客人不高兴地问："为什么？"小王说："这是洗浴中心的程序和规定。"客人说："违反了罚款吗？"小王："不会。"最后，客人还是执意直接进入泡池。

思考题：

如何劝阻会使客人高兴地接受我们的建议？

【知识检验与能力实训】

1. 试述桑拿的类型及特点。
2. 由学生进行服务员与客人的角色扮演，巩固练习在桑拿室接待客人的程序与规范。
3. 掌握桑拿室的清洁标准。

学习目标

> 1. 能熟练地按程序接待客人，并提供规范服务。

> 2. 能向客人介绍按摩的种类及特点。
> 3. 能对按摩室进行日常清洁保养。

4.2 按摩

4.2.1 按摩基本知识

1. 中医按摩

中医按摩是依据人体穴位的原理创造的一种推拿方式。中医理论认为，人体从头到脚密布着许多穴位，这些穴位都与人体各内脏器官有一定关系，对这些穴位的刺激可有效地促使相应部位的病症好转，并在止痛、消除疲劳方面有独特作用。根据中医的这种理论，中医按摩就是针对这些穴位，使用按、摩、推、拿、揉、捏、颤、打等手法刺激穴位，以达到治病、健身的目的。中医按摩如图4-3所示。

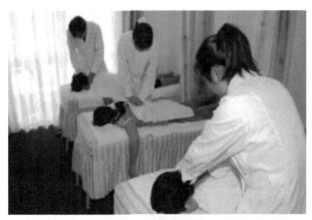

图4-3 中医按摩

2. 传统泰式按摩

泰式按摩是各种按摩中最激烈的，由泰国御医吉瓦科库玛根据古印度西部传入泰国的按摩法和当地中国移民的一些按摩手法创造而来，当时是招待皇家贵族的最高礼节。其技法还被铭刻在瓦特波卧佛寺的游廊壁上，那里被称为"泰式按摩基地"。这种按摩其实是对体验者施以被动瑜伽，利用独特的推、拉、蹬、摇、踩等手法，通过压足、压腰、踩脊等方式作用于肌肉筋膜和关节等部位，按摩后如同进行了高强度运动，可以缓解身心疲劳、加速脂肪燃烧、调节胃肠等脏器功能、增强免疫力。泰式按摩无须使用按摩油，按摩师从脚趾开始向上按摩至头顶结束，其中背部、腰部和关节是按摩重点。按摩师利用两手、两臂、两脚及全身重量滚压、伸展、拉抻体验者的身体，刺激肌肉和结缔组织。按摩过程中会感到疼痛，尤其是第一次体验者，可能受不了泰式按摩的大动作，负责的按摩师会与体验者沟通按摩力度，并提醒其彻底放松身体，不要拧着劲。传统泰式按摩如图4-4

所示。

图4-4 传统泰式按摩

3. 传统日式按摩

坊间流传日式按摩源于中国,在前朝交流时由中国商人带至日本。这种说法虽然没有得到明确证实,但连日本医学专家也承认,日式按摩与中式按摩的手法惊人相似。不过,按摩师跪在体验者背上用膝盖进行按摩等方式还是比较特别的。传统日式按摩可以通过肌肉牵张反射直接抑制痉挛、缓解疼痛症状并能改善肤色肤质、缓解肌肉疲劳、提高人体免疫力、防止血管老化。为避免擦伤皮肤,按摩师通常在按摩前给体验者搽上按摩油。按摩时用手指指腹、手掌或膝盖操作,以它们为支撑,利用身体的重量而非腕力垂直向下按压或摩擦,不使用摆动类动作。按摩过程中,按摩师会均匀缓慢地增加力度,不会激烈快速地增加力度。传统日式按摩如图4-5所示。

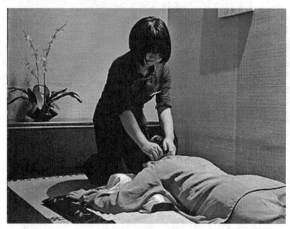

图4-5 传统日式按摩

4. 传统欧式按摩

欧式按摩源于古希腊和古罗马,被称为"贵族的运动",当时平民百姓是禁止享受这种保健方式的。工业革命之后,这种按摩方法在欧洲各国逐渐盛行。

欧式按摩手法轻柔,以推、按、触摸为主,搭配使用多种芳香油,沿肌纤维走行方向、淋巴走行方向、血管走行方向进行按摩,给人轻松、自然、舒适的感受。

欧式按摩能使肌纤维被动活动,促进肌肉营养代谢,放松被牵拉的肌肉,同时提高肌肉耐受力。很多运动员都利用这种按摩方法在赛前减轻肌肉紧张、在赛后缓解肌肉酸痛。传统欧式按摩还可以改善心肌供氧、促进淋巴循环、预防骨质疏松、改善便秘。传统欧式按摩如图4-6所示。

图4-6　传统欧式按摩

5. 港式按摩

港式按摩的主要特色是肩背腰及下肢按摩(踩跷法)：客人俯卧，按摩师双手扶住预先设定好的横杆，以控制自身体重和踩踏时的力量，先从客人的足部踩起，向上缓缓踩踏并做适当的弹跳动作，弹跳时足部不要离开客人的肌体，根据客人体质，可逐渐加重踩踏力量和弹跳幅度，踩踏胸部和腰部时叮嘱客人随着弹跳的节奏，配合呼吸，跳起时吸气，踩踏时呼气，切忌屏气，踩踏速度要均匀有节奏。港式按摩如图4-7所示。

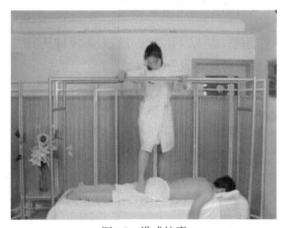

图4-7　港式按摩

6. 足疗按摩

人之脚如树之根，人老脚先衰，树枯根先竭，脚被称为人的第二心脏。人体各脏腑器官组织，在足部都有其相对应的反射区。通过按摩刺激，可增强肌体对应部位的自我调节，克服内外病的干扰，恢复肌体的协调运转状态，从而起到防病、治病和保健的作用。足疗按摩根据全息医学说和经络学说，对脚和小腿进行按摩、点压、推拿、揉搓、敲打，发挥整体统一的作用，具有可靠的保健功效。因此，一般通过一个半小时的足浴按摩，可以疏通经络、加速神经传导、促进血液循环、增强免疫力。足疗按摩如图4-8所示。

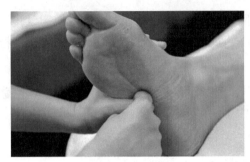

图4-8　足疗按摩

4.2.2　按摩服务规范流程

1. 岗前准备工作

(1) 上岗前自我检查，做到仪容仪表端庄、整洁、符合要求。

(2) 开窗或打开换气扇通风，清洁室内环境及设备，整理按摩床，将所需用品放到指定位置，配齐各类营业用品，做好营业前的各种准备。

(3) 检查并为酒吧器具和其他客用品进行消毒，发现破损及时更新。

(4) 补齐各类营业用品和服务用品，整理好营业所需的按摩床等。

(5) 查阅值班日志，了解宾客预订情况和其他需要继续完成的工作。

(6) 最后检查一次服务工作准备情况，处于规定工作位置，做好迎客准备。

2. 迎宾

服务员面带微笑，主动问候客人，并详细介绍服务项目及手法，征求客人意见，待客人确定服务项目后，叫按摩技师进房服务。

3. 室内服务

(1) 客人更衣后将客人引领至准备好的按摩床，并协助客人躺下，为其盖好毛巾。

(2) 按摩师先洗净双手，打开计时钟，将按摩油(膏)均匀涂于双手及被按摩者身上。

(3) 操作前，按摩师应先主动征询客人需用何种手法按摩等，如客人无任何要求，按摩师可按照操作程序开始工作。按摩时根据客人不同的体位采用不同的手法。

(4) 按摩师在按摩过程中应多征求客人意见，了解客人感受，力度要合适，压力要均匀，姿势要正确，力求使客人满意。

(5) 按摩完毕，按摩师应用毛巾抹去客人身上的按摩油(膏)并按下计时钟，告知客人按摩时间，同时递上热毛巾供客人使用，做好客人更衣前的各项服务工作。

(6) 当客人示意结账时，服务员要主动上前将账单递送给客人签字。

(7) 客人离开时，要主动提醒客人不要忘记随身物品，并帮助客人穿戴好衣服。

4. 送别客人

(1) 服务员将客人送至门口，向客人道别。

(2) 服务员应及时冲刷和为按摩室消毒，更换使用过的布件，准备迎接下一批客人的到来。

4.2.3 按摩清洁卫生标准

(1) 实行卫生岗位责任制，分区划片，保持店内环境卫生，做到全天整洁干净。

(2) 保持整体环境卫生，不乱堆乱放，不乱扔垃圾，物品摆放整齐，不将私人物品随便乱放，每星期大扫除一次。

(3) 操作完毕，将物品擦干净，放回原处，摆放整齐。

(4) 注意使用品卫生，要清洗干净，做到操作前和操作后两次消毒。

(5) 每日下班后进行卫生清扫。包括地毯、沙发、硬地面、茶几、收银台、咨询台、门窗玻璃、灯具、墙面、天花板、电视机、音响、挂钟、毛巾、饮水机、器械设备、按摩床、美容床等设施。

小知识

按摩服务专业术语

一、排钟

按照每天技师到岗情况，按技师工号和一定的原则有秩序地安排上岗次序，称为排钟。

二、记钟

登记客人情况(包括手牌号、房间号)、技师情况、按摩种类、时间起始和排钟情况，称为记钟。

三、加钟

客人所需要的按摩服务结束后，要求继续延长按摩服务的时间，称为加钟。

四、停钟

按摩技师由于个人原因违反企业的规章制度、服务规范，经部门主管人员批准对其给予暂时不允许上岗的处罚，称为停钟。

五、上钟

符合企业按摩技师的素质技能标准，允许其每日正常上岗或正常为客人提供按摩服务，技师接到排钟员电话通知，来到排钟员处将其工牌号记录好，到相应的包间为客人提供按摩服务，称为上钟。

六、过钟

按摩技师在为客人提供服务时，由于客人加钟或因为客人较多的原因，使该技师未能按照排钟的次序正常上钟，称为过钟(但过钟的技师可以把工号留在排钟表原位，来客时可随时上钟)。

七、甩钟

按摩技师由于个人原因未能赶上本该属于他(她)的上钟时间，排钟员此时会把该技师排在最后一位，称为甩钟。

八、叫钟

按摩技师为客人提供按摩服务的时间已到，由按摩区带位服务员通知客人时间已到，称为叫钟。

九、点钟

客人认可某位按摩技师，不用排钟员为其安排技师，而是直接指定让该技师为其提供服务，称为点钟(点钟以客人点的技师工号为标准)。点钟的按摩服务结束后，如果排钟次序还未到该技师处，则该技师仍排在原位；如果已过钟，则实行甩钟。

十、留钟

按摩技师由于企业公事不能及时上钟，当该技师回来时，本轮还未排到该技师，按主管人员安排把该技师工号留在原位，称为留钟。如已过钟，则实行补钟。

十一、补钟

按摩技师由于企业公事不能及时在本轮上钟，按主管人员安排为该技师补上上轮错过的钟数，称为补钟。

十二、误钟

按摩技师由于私人原因未能及时上钟，而其他按摩技师又由于正在上钟而不能替该技师上钟，致使客人长时间等待，称为误钟。这种情况该技师一般会受到处罚。

十三、跑钟

由于工作人员的失误未能及时或没有把按摩服务单据送到吧台及时输单，或由于单据填写错误，致使此项消费流失或与客人实际消费额不符，给企业及技师造成损失，称为跑钟。

十四、起钟

按摩技师为客人提供按摩服务开始的时间，称为起钟。

十五、结钟

按摩技师为客人提供按摩服务结束的时间，以及该客人享受完所有服务离开按摩区的时间，称为结钟。

十六、下钟

按摩技师为客人提供的按摩服务结束后，技师离开按摩区，到排钟员处做记录，称为下钟。

情景案例

某位客人在按摩后准备离店结账时，在核对账单时发现有些消费有疑问。客人："这些消费都是我的吗？"前台："是的，先生。"客人："可是有些项目没有告诉我啊。"前台："先生，确实是你消费的。"客人："向我介绍时，也没有告诉我价格这么高啊，这不是有点宰人么？"客人不满，大声吵着要向经理投诉，吸引了其他客人的目光。

思考题：

1. 假如你是经理，你会如何处理？
2. 在向客人提供服务时，如何避免类似的情况出现？

【知识检验与能力实训】
1. 试述按摩的类型及特点。
2. 由学生进行服务员与客人的角色扮演，巩固练习在按摩室接待客人的程序与规范。
3. 简述按摩室的清洁标准。

学习目标
> 1. 掌握健身器材的基本知识。
> 2. 能熟练地按程序接待客人，并提供规范服务。
> 3. 能向客人介绍健身设备的使用方法。
> 4. 能对健身设备进行日常清洁保养。

健身房可以弥补人们日常生活中缺乏锻炼的问题，尤其受现代都市人的喜爱。健身房拥有丰富的健身器材，可以满足不同的锻炼需求，专业教练的指导，科学合理的健身计划，能起到事半功倍的效果。

4.3 健身房

4.3.1 健身房基础设备

1. 跑步机

跑步机是根据人类标准跑步动作设计的，可以根据自身情况和需要，选择合适的速度、坡度，方便自如，使用时感觉很像自然的跑步。跑步机可以通过设置不同的皮带阻力来模拟不同的地形，其正前方设有计算机屏幕，显示外景及客人跑步的速度、距离、时间、所消耗的能量、道路倾斜度、客人的心率等，并可利用键盘设计锻炼程序。由于跑步机的传动滚带是橡胶的，所以对腿脚关节的冲击力比跑马路要小很多，不易引起伤病。跑步机两侧扶手有紧急制动装置，可避免客人发生意外。跑步机如图4-9所示。

图4-9 跑步机

2. 自行车练习器

自行车练习器是模仿自行车的形状而制的、固定在健身房地上的训练设备。它根据骑车可以锻炼人的腹肌和腿部肌肉的原理，在固定的自行车上设置不同的阻力，模仿自行车在不同的坡度、地形上行进。练习器前方的计算机屏幕可以显示模拟的路况和外景，让运动者有身临其境的感觉，还可以显示当前的坡度、阻力和车速。自行车练习器如图4-10所示。

图4-10　自行车练习器

3. 划船模拟机

划船模拟机由一个可前后滑动的坐凳、两只固定的脚踏板、一个弹簧拉力手柄和计算机屏幕组成，其感受就像真的划船一样，屏幕能显示模拟的水面的场景。划船模拟机如图4-11所示。

图4-11　划船模拟机

4. 台阶练习器(登山机)

台阶练习器由一高一低两只脚踏板、安全扶手和计算机屏幕组成，通过设置脚踏板阻力来模拟登山运动。台阶练习器如图4-12所示。

图4-12　台阶练习器

5. 模拟游泳训练器

模拟游泳训练器是放在健身房内模仿游泳、进行有效的全身运动的设备。运动者俯卧在卧板上，绷直全身，卧板只支撑人体的中间部分，运动者的双手、双脚凌空，双手套在可调节的强弹簧拉力皮带上，按预先设定的计算机程序做游泳运动训练。模拟游泳训练器如图4-13所示。

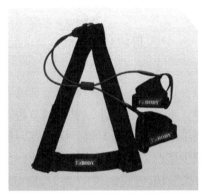

图4-13　模拟游泳训练器

6. 攀岩练习器

攀岩练习器模拟攀登运动，锻炼运动者的臂部、腿部、腰部等肌肉和全身动作的协调性，并能培养运动者的耐力、毅力和顽强的意志。攀岩练习器如图4-14所示。

图4-14　攀岩练习器

7. 健骑机

这是一种模拟骑马的全身性运动器材，当人坐在健骑机坐垫上时，可以体验野外跨骑骏马奔驰的意境。通过改变握把姿势和脚部位置，模拟骑马姿势，可使身体中80％的肌肉群得到锻炼，全身关节都会得到充分的转动和伸展。骑马者需以腿部力量和腹肌来适应颠簸，并保持身体平衡。机器装备电子表，可自动记录运动次数，并显示运动频率、热量消耗及持续时间等。健骑机轻便，体积小，适合各种年龄层次的人使用。健骑机如图4-15所示。

图4-15 健骑机

8. 多功能综合练习器

多功能综合练习器又称综合训练机，这是一种力量训练器材，可进行10至50种动作的全身性力量练习。通过动作件、钢丝绳、滑轮、重量调节块等把二头肌、三头肌训练器，侧肩、背肩训练器，蝴蝶式训练器，胸肌练习器，腿部练习器等综合到一起。通过运动来锻炼局部的肌肉力量，既可减少脂肪，又可使体形更健壮、优美。多功能综合练习器的负荷器(阻力器)采用的是高强力橡胶块(包胶铁块)，练习动作简单易掌握，受伤的可能性较小。器械根据人体结构设计阻力，从而保证了动作全程阻力均匀，加减重量简便，训练效果很好。综合训练机一般分为5人站、8人站、10人站和12人站等规格。10人站多功能综合练习器如图4-16所示。

图4-16 10人站多功能综合练习器

9. 无氧健美器械

健身房配备的无氧健美器械常见的有杠铃、哑铃、拉力器等。

10. 其他

为了方便客人在运动前后对自己的体能、体质、体形状况有所了解，根据自身情况编排合适的运动程序及难度，健身房还应配有肺功能分析仪、脂肪秤、心率表、血压仪等器材。

4.3.2 健身房基本服务规范

1. 健身房服务质量标准

(1) 服务员应该熟练掌握健身房的工作内容、工作程序，熟悉各种健身设备的性能、作用与使用方法，能够指导客人使用健身设备。

(2) 在为客人提供服务时精神饱满、热情、服务周到。服务员能够准确使用礼貌服务用语，对客人来有迎声、走有送语。对常客，服务员能够礼貌地称呼其姓名或职衔。

(3) 客人预订或咨询电话打进来时，应在铃响三声之内接听。接听预订电话时，应将预订客人姓名、预订内容、预订时间准确记录。

(4) 客人来健身房消费时，服务员应主动接待，尽快为客人登记姓名或健身俱乐部会员卡号，及时、准确地为客人提供更衣柜钥匙、毛巾等用品。

(5) 客人在进行健身锻炼时，服务员应随时注意客人的安全，当客人卧推杠铃时，注意适当提供保护服务。

(6) 健身房备有急救药箱、小型氧气瓶及急救药品。如果客人出现不适现象，应及时采取有效措施。客人在运动过程中如果发生碰伤或其他伤害事故，应及时提供急救药品并周到地照顾。

2. 健身房接待客人程序与服务规范

1) 营业前的准备工作程序与服务规范

(1) 服务员上岗前应先做自我检查，做到仪容仪表端庄、整洁、符合健身房要求，精神饱满地做好迎客准备。

(2) 打开灯，要求室内采光均匀，符合规定。开启空调，健身房的室温应控制在18～22℃，相对湿度应保持在50%～60%左右，打开通风装置，换气量不低于每人每小时40立方米。打开音响设备，调试背景音乐效果。

(3) 做好健身房、休息区、更衣室、淋浴房、卫生间的卫生清洁工作。

(4) 按规定检查各种健身器械是否完好，可否可正常使用，锁扣和传动装置是否安全可靠。服务员、教练员填写"安全检查单"，确保提供的设施与器材符合使用要求。对有故障的设施与器材应做标志，并安排修理。

(5) 准备好为客人服务需要的各种物品，如纯净水、纸杯、毛巾等。

(6) 将客人视线所及的所有物品、器具摆放整齐。

(7) 准备工作完成之后，由主管或领班检查是否符合标准，然后进入营业状态。

2) 营业中的服务程序与规范

(1) 客人来到健身房时，面带微笑，主动热情问候，并表示欢迎；核对票券、房卡或会员证，做好登记记录，并请客人在使用登记表上签字。

(2) 向客人发放钥匙和毛巾，将客人引领到更衣室，客人更衣完毕，服务员应主动迎候，征询客人要求，介绍各种健身项目，并向客人明示《健身房须知》所载内容。

(3) 提醒客人做好准备工作；对不熟悉器械的客人，服务员要热诚服务、耐心指导，必要时要以身示范。

(4) 在客人训练时，服务员要提供相应服务，如计时、调整器械、纠正动作等；细心观察场内情况，及时提醒客人应注意的事项，当客人变更运动姿势或加大运动量时，服务员应先检查锁扣是否已插牢，必要时须为客人换挡。

(5) 注意客人的身体状况，必要时提醒客人暂停训练，发生紧急情况时应采取应急措施；如客人需要，在其运动时可播放符合其节奏的音乐，运动间隙，服务员要主动递上毛巾，并为其提供饮料服务。

(6) 如客人希望做长期、系统的健身运动，服务员可按照客人的要求为其制订健身计划，并为客人做好每次的健身记录。

(7) 当客人示意结账时，服务员要主动上前将账单递送给客人；如客人要求记账，服务员要请客人出示房卡并与前台收银处联系，待确认后要请客人签字并认真核对客人笔迹，如未获前台收银处同意或认定笔迹不一致，则请客人以现金结付；客人结账完毕后要询问客人有无其他要求，然后指引客人到所要消费的场地，并提供必要的服务。

(8) 如客人借用或租用本部物品，服务员应礼貌示意："此物品完好，请您用毕归还。"客人离开时，服务员应提醒客人将所使用的本部物品交回服务台，客人归还物品时，服务员要检查物品是否完好。

(9) 客人离开时要主动提醒客人不要忘记随身物品，并帮助客人穿戴好衣帽。

(10) 服务员送客人至门口并礼貌地向客人道别，欢迎客人下次光临。

3) 营业结束后的工作程序与规范

(1) 将营业用品整理好放回原位。对客人租借物品点清数量并做好记录。

(2) 做好整体环境的保洁工作，并做好健身器械的清洁、消毒与保养。

(3) 服务台工作人员核对当日所有营业单据，填写好工作日报表。

(4) 切断所有电器电源，关好门窗，完成一天营业工作。

4.3.3 健身房卫生保养管理标准

1. 健身房的卫生清洁规定

(1) 服务台及接待室。服务台台面干净整洁，服务台内物品摆放整齐，地面用拖布擦拭干净，墙面除尘，将沙发和茶几清理、擦拭干净。

(2) 更衣室。地毯吸尘，将更衣柜用抹布擦拭干净，然后喷洒清新消毒剂，更衣室的坐凳每天用消毒药液擦拭消毒，拖鞋每天用药液浸泡消毒。

(3) 健身室。地毯吸尘，墙面除尘，器械用抹布擦拭，器械与身体频繁接触的部分，如手柄、卧推台面等，每天用消毒药液擦拭。

(4) 淋浴室。每天冲洗并消毒，将淋浴器手柄擦拭干净。

(5) 卫生间。每天冲洗地面、墙面、马桶，然后用消毒药液擦拭消毒，镜面、马桶盖、水箱手柄、洗手池手柄等都要用干抹布擦净。

(6) 休息室。地面吸尘，墙壁除尘，沙发吸尘，将电视柜、电视机、茶几擦拭干净，将烟缸清洗干净，随时清除垃圾桶内的垃圾。

2. 健身房卫生标准

(1) 服务台及接待室。天花板光洁无尘，灯具清洁明亮，墙面干净、无脱皮现象，地面无污迹、无废弃物；服务台面干净整洁，服务台内无杂物；沙发、茶几摆放整齐，烟缸内的烟头及时清理。

(2) 更衣室。地面干净无尘，无走路留下的鞋印；更衣室内无卫生死角、无蟑螂等害虫；更衣柜表面光洁、摆放整齐，柜内无杂物；为顾客提供的毛巾、浴巾等物摆放整齐。

(3) 健身室。天花板和墙面光洁无尘，地面干净、无灰尘、无废弃物；健身设备表面光洁、无污迹，手柄、扶手、靠背无汗迹，设备摆放整齐；室内光线柔和，亮度适中。

(4) 淋浴室。墙面、地面无污迹，下水道通畅，室内无异味；淋浴器表面光洁，无污迹，无水渍。

(5) 卫生间。墙面、地面光洁；马桶消毒符合要求，无异味；镜面无水迹，光洁明亮；水箱手柄、洗手池手柄光洁。

(6) 休息室。墙面、地面无灰尘、无杂物；沙发无尘，茶几干净，用品摆放整齐；电视机表面干净无尘，荧光屏无静电吸附的灰尘，遥控器无灰尘、无汗迹；室内光线柔和，亮度适中，空气清新。

3. 健身器材维护保养的基本要求

(1) 对器材的日常使用和维护保养，应实行"四定"，即指定专人负责，定期清洁保养，定期检查达标，定点存放工具。

(2) 每日营业前，应指定专人检查设备状况，做好调试，确保安全有效。每日营业结束指定专人检查、关闭设备。

(3) 健身器材设备先进，科技含量高，每项器材都有各自的功能和使用规则。服务员在做清洁、维护和保养工作时应严格遵守器材的操作规程，防止损坏。

(4) 做好体能测试中心血压仪、体能量度尺、肺功能分析仪、皮层脂肪量度仪、心率与血压及重量仪器组、电脑脂肪组合仪、电子心率显示仪等各种仪器的存放、保管、使用与维护，确保各种仪器设备正常使用。

(5) 健身器材发生故障，由领班填写报修单(紧急时先电话通知，事后补办报修单)，报工程部及时修理，满足客人的健身需求。

小知识

意外事故及损伤的应对

健身房服务员一旦发现客人在健身活动中发生意外事故及损伤应果断采取措施，积极应对。常见的处理措施有以下几类。

1. 判断伤势

通过望、闻、问、切等方式，对伤者的肌肉、关节、骨骼、神经系统进行检查，判断伤势的严重程度，选择相应的处理措施。如果是轻伤，经简单的治疗(如冰敷)及适当包扎即可。另外，应注意将伤者移离阳光直射之处，以免伤势恶化。如果伤势比较严重，则须将伤者送往医院，由医生诊断及治疗。

2. 切割伤或擦伤的处理方法

面对这种情况最重要的是止血。若出血不多，可用卫生棉挤出少许被污染的血，再用创可贴或纱布包扎即可。如果切割伤口很深，流出的血是鲜红色且血流很急，甚至往外喷血，可判断为动脉出血，必须把血管压住，即压住伤口距心脏最近部位的动脉(止血点)，才能止住血。如果致伤的锐器生锈，在进行简单创面处理后，必须去医院注射破伤风预防针，以防伤口感染。如果手指或脚趾全部被切断，应马上用止血带扎紧受伤的手或脚，或用手指压迫受伤的部位,以达到止血的目的;断指用无菌纱布或清洁棉布包扎,断离的手指或脚趾也要用无菌纱布包裹;如是夏天,最好将其放入冰桶,绝对禁止用水或任何药液浸泡,以免破坏再植条件;然后将伤者立即送往医院进行手术。

3. 骨折的急救方法

因外力致骨骼完全断裂或不完全断裂叫骨折。骨折后应采取下列措施:①若伤口出血,应先止血,然后包扎,再固定骨折部位。②固定伤骨时,用木板、杂志、纸板等可找到的材料作支撑物,扶托包括骨折断端上下两个关节在内的整个伤肢,这样才能保证骨折部位不错位。③固定时,应在骨突处用棉花或布片等柔软物品垫好,以免磨破突出的骨折部位。④固定骨折的绷带松紧应适度,并露出手指或脚趾尖,以便观察血液流通情况。⑤立即送医院治疗。

4. 脚踝关节损伤的急救方法

脚踝关节损伤在运动中是最常见的,双脚着地不稳会令足踝不正常扭动,致脚踝肿痛或变形。急救时,应将脚踝处抬高,用冰敷患处,均匀地施压于患处。经处理后仍需到医院作进一步检查,通过X光检查是否骨折或韧带撕裂。患者切忌急于恢复运动训练,否则会留下后遗症,影响日后运动。

5. 椎骨创伤事故的急救方法

在健身服务中,如果遇到椎骨特别是颈椎创伤患者,必须认真处理,切勿掉以轻心。①如果伤者感到颈部极度疼痛,并出现瘀肿现象,就可能是颈椎骨折。②必须由专人进行急救,切勿移动颈部,否则可能会导致永久性瘫痪。③骨科大夫会通过X光检查确定是否进行手术治疗。

情景案例

某健身会所,一位会员在使用背肩训练器时,不慎拉伤。客人非常生气,向经理投诉。客人:"你们的设备有问题,让我受伤了。"经理:"请不要生气,我们的设备都是品牌产品,质量都很优良。"客人:"那我怎么还被拉伤了?"经理:"是不是您在使用时,用力过猛所以才受伤的。"客人更加不满,要求去医院治疗,并向健身会所索赔。

思考题:

假如你是经理,会如何处理这件事?

【知识检验与能力实训】

1. 健身房在营业时间服务员应谢绝哪些客人进入?
2. 在健身活动中,客人容易发生哪些意外损伤?
3. 由学生进行服务员与客人的角色扮演,模拟饭店健身房情景,巩固练习在健身房接待客人的程序与规范,注重培养礼貌待客、周到服务的意识。
4. 通过对各种健身器材实物的操作,了解各种健身器材的性能与作用,掌握健身器材的使用方法和保养维护(如保洁、消毒等)技能。

第5章 预订业务实训

学习目标

> 1. 掌握预订的意义。
> 2. 掌握预订的方式。
> 3. 掌握预订的渠道。
> 4. 掌握酒店房间类型及收费方式。
> 5. 掌握预订的类别。
> 6. 掌握预订员应注意的事项。

5.1 预订业务基础知识

5.1.1 预订的意义

客房预订也就是订房,是指在客人抵店前对酒店客房的预先订约。酒店确认预订后便和客人之间确立了一种合同关系。预订工作开始于客人抵店之前,其工作效率及服务质量会形成客人对酒店的第一印象。预订是酒店的一项重要业务,酒店一般在前厅部或者销售部设预订部,专门受理预订业务。对于客人来讲,通过预订可以保证客人的住房需要,尤其是在酒店供不应求的旅游旺季,预订就显现出更为重要的意义。对于酒店来讲,预订首先可以开拓市场、稳定客源、提高出租率;其次可以掌握客源动态,预测饭店未来业务;最后可以协调各部门业务,提高工作效率和服务质量。因此,为满足每位预订者的需求,争取最理想的出租率和最佳的客房收益,预订部必须采取行之有效的措施。

5.1.2 预订的方式

1. 电话订房

电话订房是一种非常普遍的订房方式,它具有方便、快捷的特点。在处理电话预订时,应注意以下几点。

(1) 在电话铃响三声之内接起电话,并自报家门,向客人问好,询问客人的需求。

(2) 认真聆听客人的预订要求,通过查看电脑或预订汇总表判断能否满足客人的要求。

(3) 仔细询问客人的姓名，并作复述确认。

(4) 从高价房到低价房向客人推销，问清客人的公司名称，确认是否是合同单位。

(5) 询问客人的付款方式，并在预订单上注明。

(6) 询问抵达的航班及时间并向客人声明：若无明确抵达时间和航班，饭店只替其保留房间到预订入住当天的下午某一时刻(通常为下午6:00)；若客人预计到店的时间超过某一时间(通常为下午6:00)，问清是否用信用卡或预付款确保订房。

(7) 询问客人有无特殊要求，若有，做详细记录并复述。

(8) 询问预订代理人的姓名、单位、电话号码等。

(9) 复述预订内容，包括时间、航班、房间种类、房价、客人姓名、特殊要求、付款方式、代理人情况、离店日期等。

(10) 挂电话前向客人致谢。

预订员在接听电话时，应注意语言表达技巧，应善于引导客人表述他的住房要求。对于客人提出的订房要求，若不能马上给予明确答复，应请对方留下电话号码，并约定再次通话的时间；若可以确认，则应在结束通话前，重复其预订的内容。

2. 书面订房

这是一种最原始的订房方式。宾客或其委托人在离预期抵店日期尚有较多时间的情况下，可采用这种方式，适用于度假或会议型的客人。通过信函，客人可具体详尽地提出订房要求。订房信函是饭店预订员填写订房单和客人确认预订的有效凭证，应视为原始订房资料加以保存。一般饭店规定从收到预订信起24小时之内必须回复。

3. 传真订房

传真是当今饭店与客人进行订房联系的最理想的通信手段之一。兼具电话和信函订房的优点。受理传真订房时应注意以下几点。

(1) 接受或发出传真后及时打上时间印记。

(2) 回复要迅速准确。

(3) 语言要简明扼要，准确规范。

(4) 做好订房资料的保留存档，以备日后查对。

4. 面谈订房

(1) 面谈订房是指客人或客户与饭店的客房预订员面对面地洽谈订房事宜。

(2) 饭店有机会更详细地了解宾客的需求，并能当面回答客人提出的任何问题。

(3) 预订员有机会运用销售技巧，必要时通过展示几种客房来帮助和促使客人选择。

(4) 在与客人面谈订房事宜时，如客人无特殊要求，应避免向客人做确认其房号的承诺，以免失信于客人。

5. 互联网

随着现代电子信息技术的迅猛发展，通过互联网向饭店订房的方式迅速兴起，主要包括以下几种方式。

(1) 通过酒店连锁集团公司的订房系统(CRS)向其所属的酒店订房。

(2) 通过酒店自设的网址，直接向酒店订房。

(3) 通过第三方网络平台预订酒店客房。

(4) 通过微信订房或酒店官方APP直接向酒店订房。

5.1.3 预订的渠道

1. 直接与酒店订房

直接与酒店订房指客人不经过其他中介直接与酒店预订处联系，办理订房手续或是通过第三方网络平台预订酒店客房。

2. 旅行社订房

旅行社通常与酒店订有合同，负责为酒店提供客人。国外的旅行社按照房价的一定比例收取回扣，而国内的旅行社则以较低价格购买酒店客房的使用权，和其他旅游产品进行组合，然后卖给旅游者。

3. 连锁酒店和合作酒店订房

连锁酒店相互提供免费订房服务，是它在促销上的明显优势。有些酒店之间为了共同的利益，开展各种合作，通过相互推荐的方式接受顾客的订房要求。

4. 航空公司订房

随着航空事业的发展，由航空公司代为订房的客人越来越多，主要包括乘客、团队客人、机组人员等。

5. 会议组织机构订房

会议组织者需要为参会人员提前预订客房，以保证会议的顺利进行，一般还包括使用会议设备、餐饮和用车等。

6. 与酒店签订合同的单位订房

为保证用房要求或节约开支，许多大公司都与酒店订有合同，为本公司职员外出和来公司的客人预订酒店房间。

7. 政府机关、事业单位订房

指政府或事业单位为其邀请的团队、贵宾、专家学者等预订酒店房间。

5.1.4 酒店房间的类型

按照国际流行的分类方法，酒店房间一般可以分为以下几种类型。

(1) 单人间。单人间又称单人房，内设单人床一张，另配沙发、书写桌椅、电视机等家具设备。由于单人房比较舒适，客房的隐秘性较强，不受外界干扰，房价低于标准双人客房，比较适合从事商务旅游的单身客人住用。根据卫生间设备条件，单人间还可分为无浴室的单人间、带淋浴的单人间、带浴室的单人间三种类型。

(2) 大床间。大床间的房内设一张双人床，另配沙发、书写桌椅、电视机等家具设备。一般适合夫妻旅游居住，新婚夫妇使用时，称"蜜月客房"，也可供单身旅客租用。

(3) 双人间。双人间的房内设有两张单人床或单双两便床，即大床间供不应求时，可将两张单人床合为一张大床作为大床间出租。双人间配沙发、书写桌椅、电视机等家具设备，其中带卫生间的双人间称为"标准间"，一般用来安排旅游团体客人、会议客人或一家人居住，也可供两个单身旅游者居住。另外，根据住客的要求，客房内可加床，一般加床是可折叠的活动单人床。通常情况下，根据客房的设施、设备不同，双人房还可分为无浴室双人间、带淋浴双人间和带浴室双人间三种类型。

(4) 三人间。三人间一般是房内设有三张单人床，供三位顾客同时入住，属经济房间。目前在旅游饭店中此类房间较少，多以在双人间加一张折叠床的方式来满足三人同住一间客房的要求。

(5) 标准套间。标准套间又称普通套间、双套间或家庭套间，一般由连通的两个房间组成，一间作卧室，另一间作会客室或起居室。卧室内设有一张双人床或两张单人床，并配有卧室家具设施、卫生间。它既可住宿，又有会客场所，适合全家人外出度假时入住或一般经商人员居住。

(6) 高级套间。高级套间又称豪华套间，通常由卧室、会客室、卫生间、小厨房、餐室、办公室、陈列室、阳台等组成。卧室内设有大号双人床或特大号双人床，房间的装饰布置和设备用品华丽高雅。在饭店中，该类房间价格昂贵，数量不多，它代表饭店已具备豪华的级别，一般适合有经济实力的富商大贾和知名人士居住。

(7) 总统套间。总统套间又称总统房，一般由7~8间房组成，包括总统卧室、总统夫人卧室、分用的男女卫生间、会客室、会议室、随员室、警卫室、书房、厨房及餐厅等。房间内设豪华家具、洁具、古董、工艺品等。由于总统套房造价昂贵、房价高，且出租率低，一般四星级饭店才有，是衡量饭店级别的标志。总统套房并非只有总统才能住，只是标志该饭店已经具备了接待总统的条件和档次。

(8) 特殊客房。特殊客房是指为某一类人特别设计和布置的客房。如我国旅游涉外饭店规定的专为残疾人服务的客房，配置了能满足残疾人生活起居要求的特殊设备和用品。

5.1.5 预订的类别

1. 按预订确认程度分类

(1) 临时类预订。临时类预订是指客人的订房日期或时间与抵达日期或时间很接近，饭店一般没有足够的时间给客人以书面确认或没有给予客人确认。当天的临时类预订通常由总台处理。临时类预订的客人如在当天的"取消预订时限"(通常为18:00)还未到达饭店，则该预订将被取消。

(2) 确认类预订。确认类预订是指客人的订房要求已被饭店接受，而且饭店以口头或书面形式予以确认，一般不要求客人预付订金，但规定客人必须于预订入住日的规定时限到达，否则视为自动放弃预订。确认类预订的方式有两种：一种为口头确认，另一种为书面确认。书面确认的优点：能复述客人的要求，使客人了解饭店是否已正确地理解了他的订房要求，从而使客人放心；能申明饭店对宾客承担的义务及预订变更、取消以及其他有关方面的规定，以书面的形式确立了饭店与客人的关系；能验证宾客所提供的个人情况，在信用上更可靠些。

(3) 保证类预订。宾客可以预付订金来保证自己的订房要求，比如在旺季，饭店为了避免因预订客人不来或临时取消订房而引起的损失，要求宾客预付订金加以保证，这类预订称为保证类预订。保证类预订以顾客预付订金的形式来保护饭店和宾客双方的利益，约束双方的行为，因而对双方都是有利的。

预付订金，是指饭店为避免损失而要求客人预付的房费(一般为一天的房费，特殊情况例外)。对如期到达的客人，在其离店结账时予以扣除；对失约的客人，则不予退还，饭店为其保留客房直到次日中午12时止。保证类预订的客人在规定时限内抵达而饭店无法提供房间时，由饭店负全部责任。保证类预订的担保方式：信用卡担保；预付订金(现金、支票、汇款等)；订立商业合同。

(4) 等候类预订。饭店在客房订满的情况下，由于考虑有一定的"水分"，如取消、变更等，有时仍按一定数量给予等候预订。对这类订房的客人，饭店不发确认书，只是通知客人，在其他客人取消预订或提前离店的情况下，可予以优先安排。

2. 按预订提前期的长短分类

预订提前期指预订日期与入住日期之间的时间间隔，也叫预订提前量。按预订提前期的长短，可以把预订分为当日预订、提前预订和开放预订。

(1) 当日预订。当日预订是指客人预订与入住在同一天发生的预订，这种预订通常由接待处受理。

(2) 提前预订。提前预订是指预订提前期在一天以上的预订，根据提前期的长短，又可依次分为远期预订、中期预订、近期预订和短期预订。

(3) 开放预订。开放预订是指明确入住期间但未明确具体抵离日期的预订，随着到店日期的临近，该类预订会变成提前预订中的近期或短期预订等。

5.1.6 预订员的工作内容

预订员的主要职责是接受散客、团体预订并正确存入电脑；处理所有有关订房的事宜，更改、取消及确认预订。其主要工作内容如下所述。

(1) 受理并确认各种来源的订房及订房的更改、取消。

(2) 保持预订总表及预订状况显示系统正确。

(3) 记录、更新、保管各种预订资料及文件，并及时传递预订信息。

(4) 做好客人抵店前的各项准备工作，如为客人预留房间，逐一落实订房客人的特殊要求等。

(5) 制作预测客房出租情况的客情预测表及其他统计分析报表，为饭店领导及其他部门提供经营信息。

(6) 管理好客史档案。

(7) 对于重要的和疑难的预订，可请示前厅经理或主管，得到明确指示后，做出妥善处理。

预订员在接听电话时，必须使用礼貌用语，口齿清晰，应答得体。接到预订函电后，应立即处理，不能让客人久等。填写预订单时，必须认真、仔细、逐栏、逐项地填写清楚。遇到大型团队或特别订房时，订房确认书要经前厅部经理或总经理签署后发出。

小知识

国际酒店通行的几种收费方式

(1) 欧洲式(European Plan，简称"EP")，只包括房费，不包括任何餐费的收费方式，为世界大多数酒店所采用。

(2) 美国式(American Plan，简称"AP")，不但包括房费，而且包括一日三餐的费用，因此，又被称为"全费用计价方式"。

(3) 修正美式(Modified American Plan，简称"MAP")，包括房费和早餐，除此之外，还包括一顿午餐或晚餐(二者任选其一)的费用。

(4) 欧洲大陆式(Continental Plan，简称"CP")，包括房费及欧陆式早餐。欧陆式早餐主要包括冷冻果汁、烤面包、咖啡或茶。

(5) 百慕大式(Bermuda Plan，简称"BP")，包括房费及美式早餐。美式早餐除了包含欧陆式早餐的内容以外，通常还包括鸡蛋、火腿、香肠或咸肉等肉类。

【知识检验与能力实训】

1. 酒店开展客房预订业务的意义是什么？
2. 预订的种类有哪些？
3. 由学生进行服务员与客人的角色扮演，模拟电话预订情景，掌握电话预订的程序与规范，注重培养礼貌待客、周到服务的意识。

学习目标

> 1. 掌握散客预订的程序。
> 2. 掌握散客预订单的内容。
> 3. 掌握婉拒预订的方式方法。
> 4. 掌握预订确认的时间点。

5.2 散客预订

散客预订是指客人直接与酒店联系进行预订的方法。酒店预订员可以与客人直接洽谈订房事宜，这样可以直接了解客人的要求，并根据客人的特点与需求对其进行有针对性的客房销售。

5.2.1 接受预订

酒店预订员在接到客人的预订请求时先要根据客人的抵店时间、用房种类和数量、住店夜次等因素查看酒店是否有能够满足客人要求的空房,如有空房并符合客人的订房要求即可填写预订单。预订单上的内容通常包括客人姓名、抵离店日期和时间、房间类型、价格、付款方式等,如表5-1所示。

表5-1 散客预订单

Sales&Marketing Dept.
Fax No.

◎New Booking 新预定　　◎Amendments 更改　　◎On Waiting List 等候
◎Seminar 研讨会　　　　◎Cancellation 取消

Guest Name 客人姓名	No.of Rooms 房间数量	Room Type 房间种类	No.of Guests 客人数量	Rate 房价	Company Name 公司名称

Original Arrival Date(预定到店时间):　　　　Original Departure Date(原定离店时间):

New Arrival Date(新到店时间):　　　　　　　New Departure Date(新离店时间):

Arrival Flight(到店航班):　　　　　　　　　　Departure Flight(离店航班):

Billings (付款方式)	ALLC(全付)、POA(自付)、ROOM ONLY(只付房费)、RMABF(房费含早餐)、IX/FAX/LTR/ATTI(已到传真/信件)

Remarks(备注):

Contact Name(联系人姓名):　　　　　　Company Name(公司名称):

Telephone Number(电话号码):　　　　　Fax Number(传真号码):

Taken By(预定人):

Date Taken(预订日期):

5.2.2 确认预订

在接到客人的预订要求后,预订员要将酒店客房未来一段时间内的出租情况与客人的订房请求相对照,如果可以接受预订就要立即对客人的预订予以确认。酒店确认预订有书面确认和口头确认(包括电话确认)两种。

(1) 书面确认。一旦接受客人预订,预订处就要对客人的预订加以确认。按照国际订房惯例,不管预订人以什么方式订房,只要客人订房与抵店之间有充足的时间,饭店都应向客人寄发书面预订确认书,预订确认书主要包括以下内容:①重申客人的订房要求;②双方对房价及付款方式达成的一致意见;③声明饭店有关取消预订的规定;④对客人选择本店表示感谢;⑤预订员或主管的签名,日期。预订确认书如表5-2所示。

表5-2 预订确认书

××酒店	客房类型、数量:_____ 房价:_____
地址:_____	预订日期:_____ 抵达日期:_____
电话:_____	抵达时间:_____ 逗留天数:_____
您对:_____	离店日期:_____
_____	结账方式:_____ 订金:_____
的预定已被确认	客户地址:_____
	客户姓名:_____ 电话:_____

本酒店已确认了您的订房,由于客人离店后,需要有一定的时间整理客房,因此,下午3:00前恐不能安排入住,请您谅解。另外,未付订金或无担保的订房只保留到下午6时

通常,确认书应在预订员收到书面(信函、电传、传真等)预订凭证的24小时内发出;团队预订则至少应在客人动身前一周把确认书寄到客人手中,要有充足的时间让饭店通知客人已为其保留房间。

(2) 口头确认。由于客人的预订时间比较仓促,或其他原因,饭店来不及向客人寄发书面确认书,在这种情况下,饭店可以通过电话与客人进行口头确认。

通常,口头确认不如书面确认可靠,所以饭店应尽量以书面方式确认。预订经过确认,饭店就应该对客人负一定的责任,要把客房保留到客人预计到达当日18:00或双方事先约定的时间。如超过18:00或双方事先约定的时间客人未到,酒店有权利自动取消客人的预订而无须事先通知客人;而客人如在规定的时间之前到达,酒店有义务为客人保留房间。饭店使用书面确认比较正式,对于大型团体、重要客人,特别是一些知名人士、政府官员、国际会议等订房的确认函,要由前厅部经理或酒店总经理签发,以示尊敬和重视。

情景案例

端午小长假的一天,某酒店除套房外,客房全部住满。晚上9时左右,一对年轻夫妇拿着预订确认书来到酒店总台要求住宿,他们是来此地旅行结婚的,早在半个月前就在该酒店预订了一套标准间,连住3天,因天气不好,飞机误点,才刚刚抵店。面对这种情况,总

台接待员只好一再向客人道歉，一边安抚客人，一边请示饭店值班经理应如何处理。

（资料来源：http://www.docin.com/p-960105742.html）

分析提示：

尽管客人抵店时间已超过饭店规定的截房时间，但应以灵活的方式处理好此事。可以先把客人安排到套房住，并按订房确认书上的价格收费，使客人满意，酒店也受益。

5.2.3 婉拒预订

如果酒店无法接受客人的预订，应对预订加以婉拒。婉拒预订时，不能因为未能符合客人的最初要求而终止服务，首先要对客人到本酒店订房表示衷心感谢，对未能满足客人的预订需求表示歉意，然后主动提出一系列可供客人选择的建议，比如建议客人更改预订房间类型、更改客房预订数或重新选择来店日期等。征得客人的同意后，将客人的姓名、电话号码等登记在候补客人名单上，一旦有了空房，立即通知客人。总之，用建议代替简单的拒绝是很重要的，这样做不但可以促进酒店客房的销售，而且可以在顾客中树立酒店良好的形象。

婉拒预订时，要向客人签发致歉信，具体格式可参考表5-3。

表5-3 致歉信

××先生(女士)：

您好！

本酒店对于在您订房日期内，由于客满不能接受您的订房要求而深表歉意，感谢您对本店的关照，希望以后能有机会为您服务。

××酒店预订部

情景案例

某天，南京金陵饭店前厅部的客房预订员小王接到一位美国客人从上海打来的长途电话，他想预订两间每天收费在120美元左右的标准双人客房，3天以后入住。

小王马上翻阅了一下订房记录表，回答客人说由于3天以后饭店要接待一个大型国际会议的多名代表，标准双人客房已经全部订满了。小王讲到这里并未就此把电话挂断，而是继续用关心的口吻说："您是否可以推迟两天来，不然请您直接打电话与南京××饭店联系询问如何？"

美国客人说："南京对于我们来说是人地生疏，你们饭店比较有名气，还是希望你给想想办法。"

小王暗自思量以后，觉得应该尽量不要使客人失望，于是接着用商量的语气说："感谢您对我们饭店的信任，我们非常希望能够接待像您这样令人尊敬的客人，请不要着急，我很乐意为您效劳。我建议您和朋友准时来南京，先住两天我们饭店的豪华套房，每套每天收费280美元，在套房内可以眺望紫金山的优美景色，室内有红木家具和古玩摆饰，提供的服务也是上乘的，相信您住了以后会满意的。"

小王讲到这里故意停顿一下，以便等客人的回话，对方沉默了一段时间，似乎有些犹豫不决。于是，小王开口说："我相信您不会单纯计较房金的高低，而是在考虑这种套房是否物有所值，请问您什么时候乘哪班火车来南京？我们可以派车到车站接您和您的朋友，到店以后我一定陪您和您的朋友亲眼参观一下套房，您再决定不迟。"

美国客人听小王这样讲，倒感到有些情面难却了，最后答应先预订2天豪华套房。

(资料来源：http://ishare.iask.sina.com.cn/f/345HKjjZI8f.html)

分析提示：

前厅客房预订员在平时的岗位促销中，一方面要提供热情的服务；另一方面要主动、积极地促销。因此，要掌握销售心理和语言技巧。

案例中，小王在促销时灵活运用"利益诱导原则"，即将客人的注意力集中于他付钱租房后能享受到哪些服务，也就是将客人的思路引导到这个房间是否值得甚至超过他所付出的房价。小王之所以能够促销成功，在于他不引导客人考虑盲从，而是用比较婉转的方式报价，以降低对客人的直接冲击力，避免客人因难以接受而陷入尴尬。同时，小王的一番话也使客人感觉到自己受到尊重且达到建议是中肯、合乎情理的，在这种情况下，反而很难说出"不"字，最终达到饭店积极主动促销的正面效果。

5.2.4 核对预订

预订人员要通过书信或电话等方式与客人进行多次核对(Reconfirm，再确认)，问清客人能否如期抵店，住宿人数、时间和要求等是否有变化。

核对预订工作的时间点如下所述。

第一次：在客人预订抵店前一个月进行。主要针对客人抵店日期、人数、房间类型、住店天数等进行核对。

第二次：在客人抵店前一周进行。核对内容大体上与第一次相同。

第三次：在客人抵店前一天进行。核对内容与前一次大致相同。此次核对是必要步骤，是保证客人顺利入住的必要工作。

小知识

团队预订

团队预订是指团队的组织者与酒店联系进行客房预订。由于人数众多，团队预订涉及的事情也纷繁复杂，所以要求预订员要特别细心，避免产生错误。接受团队预订时，登记的内容要比散客预订时复杂，要注意不同房型的数量及价格、团队折扣、团队名单、性别构成、用餐标准以及是否接机接站等事项。

(1) 所有团队预订都有书面预订单。团队订房通常由酒店销售部负责，并由销售部将团队预订资料提前送到预订处。

(2) 预订处应了解、核对团队预订情况、到店时间、所用的交通工具、房间类型和数量等。具体内容包括团队名称、团员姓名、国籍、身份、抵离餐食安排、付款方式、特殊要求和注意事项等。

(3) 填写团队预订单，见表5-4。

(4) 填写团队接待通知书，发放至客房、餐饮、财务等部门。

(5) 将团队预订的所有内容输入电脑，记录电脑预订编号。

(6) 团队预订资料应至少提前一天交接待处，以便接待处合理分房。

表5-4　团队预订单

◎Booking/Tentative 新预订/暂订　　◎Amendments 更改
◎Confirmation 确认　　　　　　　　◎Cancellation 取消
Name of group 团队名称　　　　　　Nationality 国籍

Arrival Date 入店日期	Departure Date 离店日期	Single 单人间		Twin 双人间		Guide Room 陪同间		Suit 套间	
		Number of Rooms 房间数量	Rate 房价	Number of Rooms 房间数量	Rate 房价	Number of Rooms 房间数量	Rate 房价	Number of Rooms 房间数量	Rate 房价

Complimentary rooms 免费房间：　　　　　　　Deposit 押金：

Room rates subject to 房价不含　　Room rates inclusive of 房价包含
Commissionable 佣金　　　　15% surcharge 15%服务费　　non-commission 无佣金

Meal Requests 用餐要求	Date 日期				
	Time 时间				
Oriental 中式早餐 Continental 欧陆式早餐 American 美式早餐	Outlet 地点				
	Rate 价钱				
	PAX 人数				

◎Meal rates subjects to 15% surcharge 餐费不含15%服务费
◎Meal rates inclusive of 15% surcharge 餐费含15%服务费
Charge to 付款人
Remark 备注
Sales person 销售人员：　　　　　　Date 日期：

情景案例

某日，住店客人刘先生向前台咨询，他们公司有几间房都在15层，明天公司老总到店，能否将已订套房安排在同一层。接待员小张查询后，回复刘先生没有问题，并告诉刘先生预订房号是1505。当天有一位客人入住，要套房，另一位接待员小王查电脑时确认只有一间套房1505为空房。考虑到第二天有新的套房可供出租，虽有第二天预抵客人占了此房，小王还是把此房号从该预订上解除，先出租给当天到店的客人。第二天，刘先生带着公司老总到前台办理入住手续时，前台分配了9022房，刘先生提出已预订1505房。接待员查电脑后发现，1505房已出租给其他客人。刘先生无法向公司老总交代，很生气，于是向饭店负责人投诉。

(资料来源：https://max.book118.com/html/2014/0211/5859731.shtm)

思考题：

刘先生为什么要向饭店负责人投诉？

分析提示：

客房预订是指客人在抵店前对饭店客房的预先订约。这种预订一经确认，饭店与客人之间便达成了一种具有法律效力的预期使用客房的协议，饭店有义务根据预订的价格、房型、房号向客人提供客房，这是饭店对客人的重要承诺，应按规定保留到最后期限，否则，就会"失信于客"。按照国际惯例，饭店对预先订房的客人，会为其保留房间直至抵店当日下午6:00止，这个时限被称为"取消预先预订时限"或称"截房时间"，即如果到了这个规定时间客人还未抵店，也未事先与酒店联系，该预订则被自动取消。本案例中，酒店虽然安排了预订的客人，但没有按客人指定并确认的房间进行安排，也算严重的违约，反映了酒店管理中的漏洞。

【知识检验与能力实训】

1. 简述客房预订的程序。
2. 预订的确认方式有哪几种？
3. 核对预订工作的时间点有哪几个？
4. 由学生进行服务员与客人的角色扮演，模拟散客预订情景，巩固练习散客预订的程序与规范，同时注重培养礼貌待客、周到服务的意识。

学习目标

> 1. 掌握变更预订的流程及方法。
> 2. 掌握取消预订的流程及方法。

5.3 预订的变更及取消

5.3.1 预订的变更

预订的变更是指客人在实际抵达饭店之前由于交通状况、气候或其他人为因素(如临时取消行程)的影响等临时改变原定的预订日期、人数、要求、期限、姓名和交通工具等。客人变更预订有其客观原因,预订员应先予以理解,再灵活地面对现实,在表现出极大热情的同时为客人提供有效的帮助。处理预订变更工作应注意以下几点。

(1) 客人要求变更预订时,预订员首先应查看电脑或有关预订控制记录,确定能否满足客人的变更要求。如果可以接受客人的变更要求,应及时予以确认,填写预订变更单并修改电脑和有关预订控制记录;如果客房已订满,无法满足客人的变更要求,则应耐心解释,并将客人的预订暂时列在候补名单上。

(2) 当预定的变更内容涉及一些特殊安排时,如接机、订餐、摆放鲜花等,应尽快向有关部门发出变更通知。

(3) 通过电话接到变更预订的通知时,预订员除了要记录变更的内容外,还应准确记录来电人的姓名、单位、电话号码,以便双方进一步联系。

(4) 根据预订变更记录,尽快修改相应的预订资料。

5.3.2 预订的取消

预订的取消是指预订客人在实际抵达饭店前,因种种原因取消原有预订。接到取消预订的电话时,不能在电话里表露出不愉快,而应使客人明白,本饭店欢迎他今后随时光临。

正确处理预订的取消,对于饭店巩固客源市场具有重要意义。处理预订的取消应注意以下几点。

(1) 在电脑上修改预订资料,并在其备注栏内注明取消日期、原因、取消人等,然后将其存档。

(2) 通知有关接待部门。如果在客人取消预订前,预订部门(或总台)已将该客人(或团体)的预订情况通知各有关接待部门(如客房部、餐饮部等),那么在客人取消预订后就要将这一信息通知以上单位。

(3) 如客人在原订住店日期当天未到,则由总台接待员与旅行社或其他预订单位或个人取得联系,问清是临时取消,还是预订未到,如属前者,同样要通知有关部门;如属后者,则要根据实际情况,必要时为客人保留房间(如住一天以上,当转预订员处理)。

(4) 为了防止因客人临时取消预订而给饭店造成损失或使饭店工作陷入被动,饭店可根据实际情况,预收相当于一天房费的订金。比如在旺季时,要求客人预先支付一定数额的订金,尤其是团体客人。

小知识

如何预防散客预订不到(No Show)的情况

(1) 接受预订时,必须了解相关信息,如预订人的姓名、联系方式,入住客人的姓名、联系方式、预计抵达时间等。

(2) 声明并坚持没有确切入住时间的预订只保留至当日18:00,逾期不到视为自动取消。

(3) 视情况收取一定比例的预付订金,在抵达当日才通知预订取消的,预付订金应视为赔偿金来处理。

(4) 建立预订信誉等级,将预订信誉等级与订金款额挂钩。

【知识检验与能力实训】

1. 客人变更预订的原因有哪些?
2. 处理预订变更时应注意什么?
3. 处理预订取消时应注意什么?
4. 由学生进行服务员与客人的角色扮演,模拟预订的变更与取消的情景,巩固练习这两项工作的程序与规范,同时注重培养礼貌待客、周到服务的意识。

第6章 礼宾业务实训

学习目标

> 1. 掌握店门迎送服务程序。
> 2. 掌握店外迎送服务程序。

6.1 迎送服务基础知识

6.1.1 店门迎送服务

店门迎送服务主要由门卫负责,门卫也称迎宾员或门童。门卫一般穿着比较高级华丽、标志醒目的制服,站在正门处,代表饭店欢迎来店客人并送走离店客人。门卫工作责任重大,他们象征饭店的礼仪,代表饭店的形象,起"仪仗队"的作用。所以门卫在岗时,要着装整洁、精神饱满、思维敏捷、动作迅速、姿势规范、语言标准。同时,要热情、讲礼貌,营造一种热烈欢迎客人的气氛,满足客人受尊重的心理需求。门卫通常由高大英俊的青年男子担任,这样可以与高档雄伟的饭店建筑和门面相融合;也有些饭店启用气质好、仪表端庄的漂亮女性或具有绅士风度的长者做门卫,标新立异,受到客人的欢迎;还有的饭店雇佣外国人做门童,使饭店更具异国情调,可增强饭店对国内外宾的吸引力。

1. 迎接客人

(1) 客人抵店时,向客人点头致意,表示欢迎,并道:"欢迎光临。"如客人乘车,应把车辆引导到方便客人下车的地方。车停稳后,替客人打开车门,然后热情地向客人致意并问候,对重要客人及常客应能礼貌、正确地称呼其姓名。开车门时,要用左手拉开车门,右手挡在车门上沿,为客人护顶,防止客人碰伤头部(但对信仰佛教或伊斯兰教的客人不能护顶)。关车门时,也要小心,注意勿夹、碰客人的手或脚,同时要注意扶老携幼。

(2) 准确、及时地为客人拉开饭店正门(自动门、旋转门则可不必),如果客人的行李较多,应帮助客人提拿行李,在进入大厅前交给行李员。

(3) 住店客人进出饭店时,同样要热情地招呼致意,要记住重要客人和常客的姓名,以示尊重。

(4) 如遇雨天，应打伞为客人服务，并礼貌地请客人擦干鞋底后再进入大厅。客人随身携带的雨伞，也应锁在伞架上。饭店还要向客人提供交押金免费使用雨伞的服务，以方便客人。

(5) 团体客人到店前，服务人员应做好迎接的准备工作。团体客人乘坐的大客车到店时，应维持好交通秩序，迎接客人下车。对一般客人要点头致意并问好；对行动不便的客人要扶助他们下车；对随身行李较多的客人，应帮助其提行李。客人下车完毕，要示意司机把车开，或停在饭店附近适合停车的地方。

小知识

护顶服务注意事项

(1) 护顶顺序。后排坐副驾驶后的座位、后排驾驶员后的座位、副驾驶的座位。

(2) 若遇到行动不便的客人，则应扶助他们下车，并提醒其注意台阶。

(3) 若遇到信仰佛教或伊斯兰教的客人，则无须为其护顶，他们认为手挡在头顶上会挡住佛光或真主的眷顾。

情景案例

在一个秋高气爽的日子里，小贺穿着一身剪裁得体的新制服，迈着轻快的步伐，第一次独立地走上了门童的岗位。这时，一辆白色高级小轿车向酒店驶来，司机熟练而准确地将车停靠在酒店豪华大转门前的雨棚下。小贺看清车后端坐着两位身材魁梧、体格健壮的男士，前排副驾驶位上坐着一位眉清目秀的女士。小贺一步上前，以优雅的姿态和职业性的动作，为客人打开后门，做护顶姿态，并注视客人，致以简短欢迎词以示问候，动作麻利规范，一气呵成，无可挑剔。关好门后，小贺迅速走到前门，以同样的礼仪迎接那位女士下车，但那位女士满脸不快，使小贺茫然不知所措。通常后排座为上座，凡一般有身份者皆就此座，优先为重要客人提供服务是酒店服务程序的常规。这位女士为什么不悦？小贺百思不得其解。

(资料来源：https://max.book118.com/html/2016/0702/47155523.shtm)

思考题：

1. 女宾为何不悦？小贺错在哪里？

2. 如何正确地提供拉车门服务？

2. 送别客人

(1) 客人离店时，服务人员应主动热情地为客人叫车，并把车引导到合适的位置。等车停稳后，拉开车门，做好护顶动作后请客人上车，并向客人道别，感谢客人的光临，预祝客人旅途愉快，等客人坐稳后再关上车门。

(2) 客人如果有行李，应协助行李员将行李装好，并请客人核实。

(3) 当客人乘坐的车启动时，挥手向客人告别，目送客人，以示礼貌和诚意。

(4) 送别团队客人时，应站在车门一侧，向客人点头致意，并注意客人的上车过程，如发现有行动不便的客人，应扶助其上车。等人都到齐后，示意司机开车，向客人挥手道别，目送客人离店。

情景案例

一辆出租车从远处驶进大厅门口的雨棚下，迎宾员小王像往常一样给客人拉门、护顶、问候，并引领客人进入大堂。在为客人服务的过程中，小王得知这位先生姓彭，住6019房(已退房)，刚从市区回来，准备领取寄存在酒店礼宾部的3件行李，然后去机场。因离飞机起飞的时间尚早，并且彭先生感到很累，便在大堂休息处坐了下来。

当看到彭先生汗流浃背，脸上带着疲惫的表情时，小王琢磨着："我能为他做点什么呢？嗯，有了！"小王走到彭先生跟前，说："彭先生，对不起，打扰一下，我给您送一杯冰水过来，好吗？""有冰水喝啊，那真是太谢谢了！"彭先生很是惊喜。小王请彭先生稍等，然后快步走到大堂水吧准备好冰水并送至彭先生面前："彭先生，您的冰水，请慢用！""你真令我感到意外，想得这么周到，太谢谢了，我下次还住你们酒店！""不用谢，这是我应该做的，我很乐意为您效劳，并期待您的再次光临。"

(资料来源：https://max.book118.com/html/2016/0702/47099107.shtm)

分析提示：

酷热难耐，再加上长途跋涉，彭先生的疲惫可想而知。这一切，都没逃过迎宾员小王的眼睛。在发现客人这一信息后，迎宾员小王没有熟视无睹，而是努力思索，该为客人提供什么样的服务。本案例中的迎宾员小王极为细心，善于观察客人的动向并了解其需要，做到在客人开口之前，为客人提供超前服务。简单的一杯冰水，却赢得了客人的心！

6.1.2 店外迎送服务

店外迎送服务主要是由饭店代表提供的。饭店在机场、车站、码头等主要出入境口岸派出代表迎接客人，提供有效的接送服务，及时向客人推销饭店产品，是饭店整体服务中的配套服务，也是饭店对外的宣传窗口。饭店代表的服务水平，将直接影响客人对饭店服务的最初印象。

为了树立饭店的良好形象，争取更多的客源，饭店代表必须具有强烈的责任心、自觉性、灵活性及独立工作能力和较强的业务推销能力，要做到着装整洁、仪表端庄，形象气质优良。

1. 店外迎送服务的内容和程序

(1) 定时从预订处取得需要接站的客人名单，掌握客人到达航班或车次。

(2) 确认客人抵达安排无误后，在客人抵达的当天，根据预订的航班、车(船)次时间，提前做好接站准备，写好接站告示牌，安排好车辆，整理好仪表仪容，提前半小时至1小时到站等候。

(3) 到站后，注意客人所乘航班、车(船)次到站时间的变动情况，若有延误或取消，应及时准确通知饭店总台。

(4) 接到客人时，要主动迎接问好，表示欢迎，并向客人介绍自己的身份和职务。同时，帮助客人提拿行李，引领客人上车。

(5) 随时掌握客房利用信息，准确掌握各种交通工具到站时间。对无预订的散客，要主动同客人联系，介绍饭店的产品和服务，推销客房。

(6) 在行车途中，要提醒客人注意安全，并简要介绍饭店的服务项目和城市风貌。

(7) 将客人接到饭店后，引领客人到总台办理入住手续，并询问客人是否需要提供离店服务。VIP客人接站到店后，请客务关系经理或大堂副理为客人办理入住登记手续。

(8) 若没有接到VIP客人或指定要接的客人，要立即与饭店接待处取得联系，确定客人是否已乘车抵达饭店。返回饭店后，要立即与前台确认客人的具体情况并弄清事实及原因，向主管汇报清楚，并在接站登记簿和交班簿上写明。

(9) 准确掌握VIP客人和其他需送站客人的离店时间以及所乘交通工具的航班、车(船)次和离站时间，主动安排好车辆，并提前10分钟在酒店门口恭候客人。

(10) 按时将客人送达机场、车站或码头，热情与客人道别。

情景案例

东南亚某现代化大都市D饭店门前豪华轿车川流不息，饭店贵客H太太乘上一辆奔驰车，当门卫推上车门时，只听H太太大叫"啊哟"。门卫忙把门打开，可已经来不及了，H太太的手指被门夹了一下，而且伤得很严重。"你是怎么关的门？"H太太怒气冲冲地责问门卫。"对不起，夫人！可我是看您落座后才关的门。"门卫解释说。"你还强辩！"H太太更是怒不可遏。于是双方发生了一场争执……

第二天，H太太通过律师向饭店投诉，并提出了赔偿1000美元治疗费及精神损失费的要求。H太太认为，这一事件明显是由门卫的失职造成的。作为客人，对于饭店专职服务人员的过失行为所造成的损害要求给予赔偿，是理所当然的。

饭店方面对H太太的投诉作了反驳，根据门卫的陈述，当时H太太已进入车内，两手也放在了里面，门卫是在看清情况、确认不会发生事故之后才把门推上的。事故原因是H太太在门卫关门时不小心把手伸到了关门的地方，这一本不该发生的事故是由客人的无意行为导致的，因此归咎于饭店是不公平的。确切地说，这一事故与其说是由于门卫的过错造成的，还不如说是因H太太自己不当心造成的。

(资料来源：http://www.doc88.com/p-5425998038737.html)

思考题：

本案例中的服务员为客人提供的服务是否存在过失，为什么？

分析提示：

从本案例来看，客人已受伤，饭店应负有不可推卸的责任。具体地说，不论事故发生的原因是什么，开门、关门是门卫的职责，客人在这一环节受伤，只能说明门卫失职；而从根本上说，应归咎于门卫所属饭店的过错，如培训不到位、管理不善等，所以饭店应赔偿H太太的损失。

退一步说，门卫在处理H太太受伤事件的态度、方法上，也是不冷静、不正确的。如果换一种积极主动的态度和方法，效果就会好得多。试想，当门卫看到H太太的手被夹伤时，马上赔礼道歉"夫人，是我失手了，真对不起"，并立即从口袋里掏出雪白的手绢为H太太包扎止血，再带H太太去饭店的诊疗所，确保H太太的伤势得到妥善的治疗，相信门卫诚恳道歉的态度和及时有效的处置一定会使H太太大为感动，对门卫的过失也就不好再说什么，投诉、赔偿之类的念头也就烟消云散了。

日本东京某酒店也发生过一起门卫关门夹伤客人手的事故。闯祸的门卫采取了类似以上假设的认错、道歉补救的态度和方法，还报出了自己的姓名，使客人谅解了他的过失，自己离开酒店去找认识的医生治疗。几天后，客人还寄来一封感谢信，对那位门卫的行为表示敬佩和赞赏，并高度认可了酒店服务质量和从业人员的管理水平。可见，对待过错，采取正确的态度、方法，还可能"因祸得福"呢！

【知识检验与能力实训】
1. 简述店门迎送服务程序。
2. 简述店外迎送服务程序。
3. 由学生进行服务员与客人的角色扮演，模拟店门迎送、店外迎送服务的情景，巩固练习这两项工作的程序与规范，同时注重培养礼貌待客、周到服务的意识。

学习目标

> 1. 掌握散客行李服务程序。
> 2. 掌握团队客人行李服务程序。

6.2　行李服务基础知识

行李服务是由礼宾部向客人提供的一项重要服务。由于散客和团队客人有许多不同的特点，其行李服务的规程也不相同。

6.2.1　散客行李服务

1. 散客入住行李服务
(1) 客人乘车抵店时，行李员应主动上前迎接，向客人表示欢迎。客人下车后行李员应迅速卸下行李，请客人清点行李件数，确认行李有无破损，并记住客人所乘车辆的车牌号码。

(2) 引导客人到总台。当客人行李件数少时，可用手提；行李件数多时，要使用行李车。对客人的贵重物品及易碎品，如手提包、相机等，不必主动提拿；如果客人要求行李员提拿，则应特别小心，防止丢失和破损。装行李车时，注意大件行李和重的行李要放在下面，小件行李和轻的行李放在上面，并要注意易碎及不能倒置的行李的摆放。引领客人时，要走在客人的左前方，距离二三步，步伐节奏要与客人保持一致，拐弯处或人多时，要回头招呼客人。

(3) 等候客人。引领客人到总台后，行李员放下行李，站在总台边侧客人身后约1.5米处，等候客人办理入住登记手续。

(4) 引领客人至客房。客人办完入住登记手续后，行李员应主动上前从接待员手中领取房间钥匙，帮助客人提行李，并引领客人到房间。途中，要热情主动地问候客人，向客人介绍饭店的服务项目和设施。

(5) 乘电梯。行李员引领客人到达电梯口时，放下行李，按电梯按钮。当电梯门打开时，用一只手扶住电梯门，请客人先进入电梯，然后进梯靠边侧站立并按楼层键。出梯时，请客人先出，然后继续引领客人到房间。

(6) 敲门进房。到达房间门口，行李员要先按门铃或敲门，房内无反应再用钥匙开门。开门后，立即打开电源总开关，退至房门一侧，请客人先进房间。将行李放在行李架上或按客人吩咐放好，将钥匙交还客人。要注意行李车不能推进房间。进房后，如发现房间有客人的行李或未整理，或是客人对房间不满意，要立即向客人致歉，并与前台联系，为客人换房。

(7) 介绍房间设施及使用方法。放好行李后，行李员简要介绍房内的主要设施及使用方法，如房间朝向、空调开关、棉被、冰箱的位置，小酒吧、床头控制开关的使用方法等。如果客人以前住过本店，则不必介绍。

(8) 退出房间。房间介绍完毕，询问客人是否还有其他吩咐，在客人无其他要求时即向客人道别，并祝客人在本店住得愉快，迅速离开并将房门轻轻拉上。

(9) 离开房间后，迅速走员工通道返回礼宾部，填写散客入住行李搬运记录。

2. 散客离店行李服务

(1) 站在大门口两侧及前台边侧的行李员见到有客人携带行李离店时，应主动上前提供服务。

(2) 当客人用电话通知礼宾部要求派人运送行李时，应有礼貌地问清房号、姓名、行李件数及搬运时间等，并详细记录，然后按时到达客人所在的楼层。

(3) 进入房间前，要先按门铃，再敲门，通报"Bell boy"，征得客人同意后才能进入房间，并与客人共同清点行李件数，检查行李有无破损，然后与客人道别，迅速提着行李(或用行李车)离开房间。如果客人要求和行李一起离开，要提醒客人不要忘记随身物品，离开时要轻轻关门。

(4) 来到大厅后，要先到收银处确认客人是否已结账；如客人还未结账，应有礼貌地告知客人收银处的位置。客人结账时，要站在离客人身后约1.5米处等候，待客人结账完毕，将行李送到大门口。

(5) 送客人离开饭店时，再次请客人清点行李件数后再装上汽车，提醒客人交回房间钥匙，向客人道谢，并祝客人旅途愉快。

(6) 完成行李运送工作后，将行李车放回原处，填写散客离店行李搬运记录。

情景案例

一天上午，上海一家五星级宾馆大堂内有很多来自不同国家的客人。一位新加坡客人提着旅行箱走出电梯准备离店，正在值勤的保安员小徐见行李员都在忙着为其他客人服务，便热情地迎上前去，帮新加坡客人提起旅行箱往大门走去。快到行李值台时，他发现电梯口又有离店客人出来需要帮助，就把行李提到行李值台处放下，并请值台人员代办，即回电梯口为其他客人服务。

这时，又有一批日本客人离店，他们把自己的行李放在新加坡客人的旅行箱旁。由于陪同疏忽，既未指定服务员照看行李，又没有拿行李牌注明，就去收款处结账，因此，当他们离店时，就"顺手牵羊"地把那位新加坡客人的旅行箱一起带走了。当新加坡客人因找不到自己的旅行箱急得团团转时，离其乘坐的赴苏州的火车发车时间只有55分钟了。

面对这突如其来的紧急情况，大堂副理当即安慰客人，并请客人放心他们一定设法找回失物，不误其火车。大堂副理马上向宾馆有关方面了解日本团队的去向，得知他们即将乘火车离沪去杭州，便当机立断派保安员小徐随新加坡客人一起乘坐宾馆的轿车去火车站寻找那批日本客人。结果不到半小时他们就在候车室找到了那批日本客人。新加坡客人拿到失而复得的旅行箱，转忧为喜，连声称谢。

(资料来源: http://www.17u.net/news/newsinfo_55797.html)

思考题：

本案例中出现了哪些不符合规范的服务行为？

分析提示：

从意外发生到妥善解决，饭店方面既有值得吸取的教训，又有令人首肯的地方。

第一，为了保障客人行李财产的安全，饭店应加强对员工服务程序的检查与监督。保安员小徐主动补位帮助客人搬运行李，这种精神值得肯定，但他为了进一步为其他客人服务，将手头客人的行李半途转交行李值台处理，虽然是出于工作热情，无可厚非，但经不起工作程序上的推敲。小徐最好应将客人的行李一手处理完毕再去为其他客人服务。日本团队的行李放在新加坡客人旅行箱旁边，造成错觉，主要是陪同疏忽，既未指定服务员照看行李，又没有拿出行李牌做标记，但值台服务员也应负有一定责任。值台服务员既然接受了小徐的委托，就应该保管好客人的行李。当时他应该及时地把新加坡客人的行李挪开，避免混淆；或者提醒日本团队陪同拿出行李牌，以示区别，这样就可以避免错拿行李的事故发生。

第二，饭店方面为了维护客人的行李财产安全，对这一突发事件采取的应变措施是及时且正确的。首先，安慰客人，稳定其情绪；其次，摸清日本团队的去向；然后，带着客人"跟踪"，终于追上了日本团队，又不误其班车。饭店急客人所急、想客人所想，并以较强的应变能力"亡羊补牢"，使客人的损失减少到最低限度，是值得肯定的。

6.2.2 团队客人行李服务

团队行李一般是由接待单位从车站、码头、机场等地装车运抵饭店的。团队离店时的行李也是由接待单位负责运送。而饭店的工作是按团名点清行李件数，检查行李有无破损，并办理交接手续，做好店内的行李运送工作。

1. 团队行李入店服务

(1) 团队行李到达时，负责交接的行李员应与送行李的人共同清点行李件数，检查行李的破损及上锁情况，在该团团队行李记录表(见表6-1)中写上行李到店的时间、件数，按编号取出该团的订单，核对无误后，请送行李的人签名。如行李有破损、无上锁或异常情况(提手、轮子损坏，行李裂开、浸湿等)，须在记录表及对方的行李交接单上注明，并请送行李的人签字证明。

(2) 清点无误后，立即在每件行李上系上行李牌。如果该团行李不能及时分送，应在适当地点码放整齐，用行李网将该团所有行李罩在一起，妥善保管。要注意将入店行李与出店行李或是其他同时到店的团队行李分开摆放。

(3) 在装运行李之前，再次清点一次，检查无误后才能装车，走行李通道送行李上楼。装行李时应注意，同一楼层的行李集中装运。同时运送两个以上团队的行李时，应由多个行李员分别负责运送或分时间单独运送。

(4) 行李送到指定楼层后，应将其放在门的一侧，轻轻敲三下门，报称行李员。客人开门后，主动向客人问好，把行李送入房间内，等客人确认无误后，热情地向客人道别，迅速离开房间。如果客人不在房间，应将行李先放到房间内的行李架上。

(5) 行李分送完毕，经员工通道迅速回到礼宾台，填写团队行李进出店登记表。

表6-1 团队行李记录表

团队名称				人数		
抵达日期			离店日期			
进店	卸车行李员		酒店行李员		领队签字	
离店	装车行李员		酒店行李员		领队签字	
行李进店时间		车号		行李收取时间	行李出店时间	车号
房号	行李箱		行李包		其他	备注
	入店	出店	入店	出店	入店	出店

(续表)

总计							

入店: 出店:
行李主管: 行李主管:
日期/时间: 日期/时间:

2. 团队行李离店服务

(1) 按接待单位所定的运送行李时间(或在已确定的所乘交通工具出发前两小时),带上该团队的订单和已核对好待登记行李件数的记录表,取行李车,上指定楼层运行李。

(2) 到达指定楼层后,按已核对的团队订单上的房号逐间收取行李,并做好记录。收取行李时还要辨明行李上所挂的标志是否一致。若按时间到达楼层后,行李仍未放到房间门口,要通知该团陪同,并协助陪同通知客人把行李拿到房门口,以免耽误时间。置于房间内的行李不予收运。

(3) 行李装车后,立即乘行李专梯将行李拉入指定位置,整齐排好。找陪同或领队核对行李件数是否相符,有无错乱。如无差错,请陪同或领队在团队行李记录表上签名,同时行李员也要签字。

(4) 行李离店前,应有人专门看管,如行李需很长时间才离店,需用绳子把它们绑起来。团队接待单位来运行李时,须认真核对要求运送的团名、人数等,核对无误后才能交行李,并请其在团队订单上签名。

(5) 完成行李交接后,将团队行李记录表交回礼宾部并存档。

6.2.3 其他行李服务

1. 客人换房时的行李服务

(1) 接到总台换房通知后,要问清客人房间号码,并确认客人是否在房间。

(2) 到客人房间时,要先敲门,经过客人允许方可进入。

(3) 与客人一起清点要搬的行李及其他物品,将它们小心地装上行李车。

(4) 带客人进入新房间后,帮助客人把行李放好,然后收回客人原房间钥匙和住房卡,将新房间的钥匙和住房卡交给客人。如客人没有其他服务要求,向客人道别,离开房间。

(5) 将客人的原房间钥匙和住房卡交给总台服务员。

2. 客人存取行李服务

(1) 客人要求寄存行李时，要礼貌地向客人征询所住房号、姓名等。原则上只为住店客人提供免费寄存服务。若团队行李需要寄存，应了解团号、寄存日期等信息。

(2) 礼貌地询问客人所寄存物品的种类，向客人说明贵重物品，易燃、易爆、易碎、易腐烂的物品或违禁物品不能寄存。

(3) 请客人填写一式两份的行李寄存卡，或由客人口述，行李员代为填写，请客人过目后签字。行李寄存卡通常是由两份相同的表格组成，下面的一份交给客人，作为取行李的凭证；上面的一份系在所寄存的行李上，同时做好行李暂存记录。

(4) 将行李放入行李房中，分格整齐摆放。同一客人的行李要集中摆放，并用绳子串在一起。行李房要上锁，钥匙由行李领班或礼宾主管亲自保管。

(5) 客人提取行李时，先请客人出示行李寄存凭证，然后与系在行李上的寄存卡核对。如果两者完全相符，当面点清行李件数，然后把行李交给持寄存凭证的客人，并请客人在行李暂存记录上签名。

(6) 如果需要客人等待，应按行李寄存卡上的姓名称呼客人，请客人稍候。

(7) 如客人丢失寄存卡，一定要凭借足以证实客人身份的证件放行行李，并要求客人写出行李已取的证明。如不是客人本人来领取，一定要请来人出示证件，并登记证件号码，否则不能交出行李。

(8) 帮助客人运送行李至指定地方，向客人道别。

情景案例

某日，饭店行李员小范当班，有两位互不相识的客人同时来寄存行李，两件行李外观差不多。小范将行李放在柜台内，拿出两张行李寄存卡分别交给两位客人填写，两位客人填写后，小范顺手将行李牌拴在两件行李上，但由于粗心将两位客人的行李牌拴错了。小范下班后，小齐接班。这时，其中一位客人来提取行李。小齐根据客人提供的寄存卡上的号码，找到行李交给了客人。客人拿到行李后直接去了机场，在机场办理行李托运时才发现手里的行李不是自己的，于是急忙打电话到饭店行李部查找行李。行李员根据客人提供的姓名、行李特征和房间号码等信息，找到了客人的行李，立即赶往机场换回拿错的行李。

（资料来源：http://www.doc88.com/p-7324225654140.html）

分析提示：

行李服务是饭店向客人提供的一项重要服务内容，由于散客和团队客人有许多不同的特点，所以行李服务的规程也不同。妥善保管行李，将行李准确无误地交还给客人是行李员的基本职责。行李的寄存和提取，没有高难度的技术要求，没有复杂的操作程序，需要的只是服务人员认真、细心、负责的工作态度。行李寄存和提取一旦出现差错，将直接影响客人的切身利益，也会给饭店品牌形象带来不良的影响。因此，应做到以下几点。

(1) 一定要妥善保管散客行李，要按要求填写清楚行李寄存卡，字迹要规范，确保客人姓名、房间号码、行李件数等正确无误。

(2) 填写行李寄存记录时一定要注明行李存放位置、件数、颜色、存入日期、寄存卡编号等信息，如有贵重、易碎物品，应做明显标志。

(3) 当客人提取行李时，要与客人认真核对姓名、房号、行李件数，要将客人的行李卡与系在行李上的行李卡进行对比，并确认客人签字是否相同。

(4) 礼宾部主管、领班应加强对员工的现场检查与督导，将可能发生的问题消灭在萌芽状态。

情景案例

某日，饭店行李员小郝在团队行李处值台。这时，某旅行社行李员来拉寄存的16件行李。行李员小郝想当然地认为肯定是来拉自己早上接的某旅行团的16件行李，于是随手一指，说："这边的就是。"旅行社行李员清点完数量签字后便把行李装上飞机发往乌鲁木齐。大约过了一个小时，另一家旅行社行李员也来拉16件行李，说完团号后，领班一查，马上意识到小郝发错了行李，将本应发往西安的行李发往了乌鲁木齐，而要发往乌鲁木齐的行李却还滞留在饭店。

(资料来源：http://ishare.iask.sina.com.cn/f/8652546.html)

思考题：

本案例中出现了哪些不符合规范的服务行为？

分析提示：

团队行李涉及旅行客人的切身利益，团队行李的收发正确、安全，又事关酒店的声誉。因此，团队行李收发有其严格的操作程序，稍有疏忽就有可能酿成大错。本案例中，由于行李员缺乏工作责任心，将发往西安的行李错发到乌鲁木齐，为客人造成了不便，也影响了饭店的形象。因此，在收发团队行李时，应注意以下几点。

(1) 团队客人的行李进店时，行李员要在表格中记录运送行李的行李车的车牌号码，将行李集中，认真清点行李件数，查看有无破损，并将行李总数填入有关表格，请旅行社行李员签字认可。

(2) 发送团队行李时一定要认真核对旅行社名称、团号、行李件数、发送地点，并请旅行社行李员签字认可。

(3) 如果发现发错行李一定要在最短的时间内采取有效手段及时纠正，以免给客人造成更大的不便。

(4) 主管和领班应加强现场培训、现场督导，发现问题及时纠正。员工应加强工作责任心，以避免错收、错发团队行李。

【知识检验与能力实训】

1. 简述散客行李服务程序。
2. 简述团队客人行李服务程序。
3. 由学生进行服务人员与客人的角色扮演，模拟行李服务的情景，巩固练习此项工作的程序与规范，同时注重培养礼貌待客、周到服务的意识。

> 学习目标
>
> ➢ 1.掌握"金钥匙"的标志。
> ➢ 2.掌握"金钥匙"的岗位职责。
> ➢ 3.掌握"金钥匙"的工作内容。

6.3　"金钥匙"服务基础知识

"金钥匙"是指从事委托代办服务的人。"委托代办"一词源于法国,原指古代饭店的守门人,负责迎送客人和管理客用钥匙。随着饭店业的发展,委托代办的范围不断扩大,在现代饭店业中,委托代办正成为为客人提供全方位服务的岗位,只要不违反道德和法律,任何事情都尽力为客人办到,以满足客人的要求。"金钥匙"就是具备这种能力的人。

6.3.1　"金钥匙"标志

"金钥匙"标志:身着燕尾服,上面别着十字形金钥匙会徽。"金钥匙"会徽如图6-1所示。

"金钥匙"服务哲学:"金钥匙"尽管不是无所不能,但一定要做到竭尽所能。

图6-1　"金钥匙"会徽

> 小知识
>
> "金钥匙"会徽由两把金光闪闪的金钥匙交叉组成。它代表饭店"金钥匙"的两种职能:一把金钥匙用于开启饭店综合服务的大门,另一把金钥匙用于开启城市综合服务的大门。

6.3.2　"金钥匙"的服务项目

(1)行李及通信服务,如运送行李,发电报、传真、电子邮件及人工传递信息。

(2) 问讯服务，如指路等。
(3) 快递服务，如国际托运、国际邮政托运、空运、紧急包裹托运、国内包裹托运等。
(4) 接送服务，如汽车服务、租车服务、接机服务等。
(5) 旅游服务，如个性化旅游服务线路介绍等。
(6) 订房服务，如提供房价、房类、折扣信息及取消预订等。
(7) 订餐服务，如推荐餐馆等。
(8) 订车服务，如汽车及轿车等租赁代理等。
(9) 订票服务，如预订飞机票、火车票、戏票等。
(10) 订花服务，如预订鲜花、异地送花等。
(11) 其他，如美容、按摩、跑腿、看孩子等。

6.3.3 "金钥匙"的岗位职责

(1) 全方位满足住店客人提出的特殊要求，并提供多种服务，如行李服务、安排钟点医务服务、托婴服务、沙龙约会、推荐特色餐馆、导游、导购等，应做到客人有求必应。
(2) 协助大堂副理处理饭店各类投诉。
(3) 保持个人的职业形象，以大方得体的仪表、亲切自然的言谈举止迎送抵离饭店的每一位宾客。
(4) 检查大厅及其他公共活动区域，协助大堂副理处理突发事件，确保饭店顺利运营。
(5) 协同保安部对行为不轨的客人进行调查。
(6) 对行李员的工作活动进行管理和控制，并做好有关记录。
(7) 对进、离店客人及时给予关心。
(8) 将上级命令、所有重要事件或事情记在行李员、门童交接班本上，每日早晨呈交前厅经理，以便查询。
(9) 控制酒店门前车辆活动。
(10) 接受前厅部经理委派，对行李员进行指导和训练。
(11) 在客人登记注册时，指导行李员帮助客人。
(12) 与团队协调关系，确保团队行李顺利运送。
(13) 确保行李房和酒店前厅的卫生清洁。
(14) 保证大门外、门内、大厅三个岗位有人值班。
(15) 保证行李部服务设备运转正常，随时检查行李车、秤、行李存放架、轮椅等的使用情况。

小知识

中国饭店金钥匙会员资格及入会考核标准

(1) 在饭店大堂柜台前工作的前厅部或礼宾部高级职员。

(2) 年龄在21岁以上，人品优良，相貌端庄。
(3) 从事饭店行业5年以上，其中3年必须在饭店大堂工作。
(4) 有两位中国饭店金钥匙组织正式会员的推荐信。
(5) 一封申请人所在饭店总经理的推荐信。
(6) 过去和现在从事饭店前台服务工作的证明文件。
(7) 掌握一门以上的外语。
(8) 参加过由中国饭店金钥匙组织提供的服务培训。

情景案例

一日，×饭店按常规每天派一名"金钥匙"，前往火车站为几列豪华旅游列车接站。其中，中日友好协会的某旅行团乘车抵达，该团成员皆为老人。不知是因为导游粗心忘记通知酒店，还是此团将要下榻的酒店没有接站服务，只见这批老人在拥挤的站台上，手提肩背沉重的行李左冲右突。"金钥匙"小王正巧没有这趟车的接站任务，看到这种情况，他略加思索，便飞步上前，征得随团陪同的同意后，用简单而准确的日语告诉客人，他是×饭店的"金钥匙"，可以为大家提供无偿的行李服务，请大家先将大件行李集中，清点数目。然后，他迅速推来行李车把行李一一搬上，跟着团队向停车场走去。日本客人看着小王推着行李车，心里都有一种到家见到亲人的感觉。次日，由于所下榻饭店的服务质量低下，该团全体成员要求当天下午搬至×饭店入住，因为昨天小王的义举打动了他们。当他们在×饭店大堂见到小王时，那亲切的招呼声吸引了许多客人好奇的目光。一个月后，同一系列的团队也改住×饭店，×饭店因此受益匪浅。

（资料来源：http://www.taodocs.com/p-4685493.html）

思考题：
小王是如何履行"金钥匙"的工作职责的？

分析提示：

"金钥匙"的服务哲学："金钥匙"尽管不是无所不能，但一定要做到竭尽所能。饭店金钥匙的两种职能：一把金钥匙用于开启饭店综合服务的大门，另一把金钥匙用于开启城市综合服务的大门。

【知识检验与能力实训】

1. "金钥匙"的标志是什么？
2. 简述"金钥匙"的岗位职责。
3. 简述"金钥匙"的工作内容。
4. 由学生进行"金钥匙"与客人的角色扮演，模拟"金钥匙"各项服务的情景，巩固练习此岗位工作规范，同时注重培养礼貌待客、周到服务的意识。

第7章　接待业务实训

学习目标

> 1. 掌握前厅接待的工作内容及常见问题的处理方法。
> 2. 熟悉前厅接待工作常用的表格。

7.1　接待业务基础知识

接待业务是饭店在客人入住阶段提供的必要业务，也是客人与饭店之间建立正式、合法关系的必经阶段。前厅接待员在正式接待客人之前要熟悉办理入住登记所需的各种表格，了解入住登记的注意事项，掌握饭店的用房情况等。

7.1.1　前厅接待工作的内容及常见问题的处理

1. 前厅接待的工作内容

前厅部是饭店主要的对客服务部门，为客人办理入住手续、修改订单、为客人更换房间、调整房价、办理续住、办理延退、取消入住等前厅接待工作的业务范围。

2. 接待业务中的常见问题及处理

(1) 饭店不予接待的客人。饭店有义务接待宾客，但这并不意味着饭店就必须无条件地接受任何客人的入住请求。诸如被饭店或饭店协会通报的不良分子(或列入黑名单的人)；信用卡未通过饭店安全检查者；多次损害饭店利益和名誉的人；无理要求过多的常客；衣冠不整者；患重病及传染病者；带宠物者等。对于上述客人的入住请求，饭店有权拒绝。

(2) 超额预订引出的麻烦。超额预订通常出现在饭店经营的黄金季节——旅游旺季。如果做好超额预订工作，可以使饭店在黄金旺季达到最佳出租率和最大效益，同时保持良好的声誉和口碑，对饭店经营管理者来讲，这是一种能力的体现，但也是一种冒险行为。对于超额预订，在实践上虽然是可以理解的，但从法律意义上讲，则是不合法的。如因超额预订而使客人不能入住，就相当于饭店单方面撕毁合同。

对于超额预订的处理，按照国际惯例，饭店方面应该做到：诚恳地向客人道歉，请求客人谅解。立即与另一家相同等级的饭店联系，请求援助。同时，派车将客人免费送往这家饭店。如果找不到相同等级的饭店，可安排客人住在另一家级别稍高一点的饭店，高出的房费由本饭店支付。如属连住，则店内一有空房，在客人愿意的情况下，再把客人接回来，并对提供援助的饭店表示感谢。

如客人属于保证类预订，则除采取以上措施外，还应视具体情况，为客人提供以下服务：支付客人在其他饭店住宿期间的第一夜房费，或客人搬回饭店后可享受一天免费房的待遇。免费为客人提供一次长途电话或传真服务。次日排房时，首先考虑此类客人的用房安排。大堂副理应在大堂迎候客人，并陪同客人办理入住手续。

小知识

超额预订

所谓超额预订是指饭店在订房已满的情况下，再适当增加订房数量，以弥补少数客人因预订不到、临时取消或提前离店而出现的客房闲置。

(3) 客人不愿登记或登记时有些项目不愿填写。首先，要向客人耐心解释入住登记的必要性，饭店入住登记是公安部门和警方的要求，是饭店为客人提供服务的依据。既可以有效地保障住店客人的人身及财产安全，又可以保障饭店的利益，防止客人逃账，还是饭店取得客源市场信息的重要渠道。这项工作双向收益，务必要认真做好。其次，如果客人很累不愿多填写，可以让客人口述，代其填写，并在电脑上特殊标注，保证客人不被打扰。

(4) 客人办理完入住登记手续进房间时，发现房间已有人占用。这是饭店工作失误，无论是否属于前厅接待员的直接责任都应立即向客人诚恳道歉，并由大堂副理出面请客人到大堂休息等候为其重新安排客房。在客人等候期间，为客人送上其喜爱的饮品，以平复客人的情绪。房间再度安排好后，经确认无误由服务人员亲自引领客人入客房休息，并再次向客人表达歉意。

(5) 访客查询住店客人。必须先和住店客人取得联系，征得住店客人同意方可告诉访客。

(6) 住店客人要求延住。旺季时，饭店几乎天天客满，这时如有客人要求延住而饭店又无房提供就要向客人解释饭店的困难，求得客人的谅解，并为其联系其他饭店。如果客人不肯离开，前厅人员应立即通知预订部，为即将到店的客人另寻房间。如实在无房，只好为即将来店的客人联系其他饭店。宁可让即将到店的客人住其他饭店，也不能赶走已住店客人。

(7) 离店时，客人带走客房物品。无论客人是出于何种心态带走房间物品，比如为了留作纪念或是想贪小便宜等，前厅接待人员都要为客人保留自尊。如发现客房中少了毛巾、烟灰缸、茶杯、书籍等客房用品，应礼貌地告诉客人："这些物品不是纪念品，如果您需要，可以帮您在客房部联系购买。"或巧妙地告诉客人："房间里××东西不见了，麻烦您在客房找一下,看看是否忘记放在什么地方了。"这时一定不能草率地要求客人在公共场所打开箱子进行检查,以免使饭店和客人双方都陷入被动和尴尬的境地。

情景案例

在杭州大酒店的员工食堂内,大堂副理朱小姐正准备享受午餐。一位客房服务员匆匆跑来,气喘吁吁地说:"大堂副理,客人拿了酒店的衣架,不肯交出来,你快去看看。"

"怎么回事?"大堂副理边走边问。"客人拿了4个衣架,硬是不肯交出来,我们实在没办法说服他。"

到了前台收银处,朱小姐微笑着走向客人:"您好!我是大堂副理,能帮助您做些什么吗?""我拿了4个衣架,怎么了?有的酒店洗衣之后都送衣架,你们凭什么说我私拿?"客人气愤地嚷着。朱小姐觉得,该客人一定不知道酒店衣架不属于赠送品,但知道后又死要面子,不肯承认。于是她便微笑地对客人说:"有些酒店洗衣是奉送衣架,但我们酒店尚未实行。我可以向总经理建议,以后有可能会实行。您的衣服一定比较怕皱,所以才用衣架衬着,拿出来也不太好,不如您付成本价买下这4个衣架吧!"客人平静下来,无奈地说:"好吧,多少钱?"朱小姐心知每个衣架的补偿价格为5元,便对账台说:"收20元吧,按成本价计算,不要加其他费用了。""对不起,耽误您结账时间了,欢迎您下次再来!"她又转向客人微笑着说。

客人结完账,朱小姐微笑着与他道别,目送他远去。然后,才回到员工餐厅去继续享用她冰冷的午餐。

(资料来源:http://www.doc88.com/p-6083251779961.html)

分析提示:

衣架属非赠品,客人带走是需要付补偿费的,但客人碍于面子,就是不肯返还饭店。怎样才能既不伤客人的面子,给客人下台阶的机会,又能使饭店的财产不受损失呢?本案例中的大堂副理恰到好处地为我们展示了解决此类问题的方法。

第一,当客房服务员将客人拿走衣架的事告诉大堂副理后,大堂副理没有直截了当地质问客人为什么要拿走衣架,而是微笑着走向客人问"能帮您做些什么吗?"这使客人感到大堂副理不是站在他的对立面,而是来帮助他的,无形中拉近了双方的距离。客人对大堂副理有了认同感,也就为问题的解决奠定了基础。

第二,当客人强词夺理,以"有的酒店洗衣之后都送衣架"为由,不承认自己"私拿"饭店的衣架时,大堂副理附和说"有些酒店洗衣是奉送衣架",承认客人的说法是事实,给客人以足够的"面子";又马上语锋一转,"但我们酒店尚未实行",巧妙地向客人暗示,衣架在自己的饭店仍属非赠品,维护了饭店的利益;同时又再给客人"面子","我可以向总经理建议,以后有可能会实行",把客人的"理由"当成建议来接受,顺了客人的心,同时强调只是一种"可能",从而维护了饭店的利益。

第三,"您的衣服一定比较怕皱,所以才用衣架衬着,拿出来也不太好",大堂副理又进一步在众人面前帮客人找"正当"理由,婉转地表明他不肯从包里取还衣架的原因,不是想"私拿",盗取衣架,而是"怕衣服皱",再次让客人下台阶。

第四,大堂副理提出建议,用"不如您付成本价买下这4个衣架",并对账台说"不要再加费用",既满足了该客人爱贪小便宜的心理需求,又让客人按酒店规定的衣架补偿价格支付了费用,双方皆大欢喜。

第五,大堂副理把由于客人的原因耽误了结账时间说成是"对不起,耽误您结账时间了",又一次把"对"让给客人,成功解决了补偿纠纷,使客人满意离店。

7.1.2 前厅接待工作常用表格

1. 办理入住登记所需表格

前厅接待员在为客人办理入住登记时,需要填写住宿登记表。住宿登记表至少一式两联,一联留饭店前台收银处保存,一联交公安部门备案。有些饭店的住宿登记表一式三联,除了上述两联以外,还有一联交楼层服务台作为楼层服务员开房和为客人提供服务的依据。我国饭店通常设计三种形式的住宿登记表,即国内旅客住宿登记表(见表7-1)、境外人员临时住宿登记表(见表7-2)、团体人员住宿登记表(见表7-3),有的饭店将国内旅客住宿登记表和境外人员临时住宿登记表合并成一张"临时住宿登记表"。

表7-1 国内旅客住宿登记表

房号:　　　　房租:　　　　接待员:

姓名	性别	年龄	籍贯	工作单位	职业
			省　县　市		

户口地址		从何处来	
身份证或其他有效证件名称		证件号码	
来宿日期		退宿日期	

同宿人	姓名	性别	年龄	关系	备注

请注意:(1) 退房时间是中午12:00;
　　　　(2) 贵重物品请存放在收款处的免费保险箱内,一切物品的遗失,酒店概不负责
　　　　(3) 来访客人请在晚上11:00前离开房间
　　　　(4) 离店请交回钥匙
　　　　(5) 房租不包括房间内的饮料

离店时我的账目结算将交付
□现金
□旅行证凭证
□信用卡

客人签名

表7-2 境外人员临时住宿登记表

用正楷字填写(IN BLOCK LETTERS)　　　日期(Date):　　　房号(ROOM No.):

姓名 FIRST NAME MIDDLE NAME SURNAME	出生日期 DATE OF BIRTH	性别 SEX	国籍(地区)或籍贯 NATIONALITY OF AREA	
停留事由 OBJECT OF STAY	入住日期 DATE OF ARRIVAL	退房日期 DATE OF DEPARTURE	公司名称或职业 COMPANY NAME OR OCCUPATION	
国(境)外住址 HOME ADDRESS				
请注意 (1) 退房时间是中午12:00； (2) 贵重物品请存放在收款处的免费保险箱内，一切物品的遗失，酒店概不负责； (3) 来访客人请在晚上11:00前离开房间； (4) 房租不包括房间内的饮料； (5) 离店请交回钥匙	PLEASE NOTE: (1) CHECK OUT IS12:00 NOON (2) SAFE DEPOSIT BOXES ARE AVAILABLE AT CHARGE COUNTER AT NO CHARGE. HOTEL WILL NOT BE RESPONSIBLE FOR ANY LOSS OF YOUR PROPERTY (3) VISITORS ARE REQUESTED TO LEAVE GUEST ROOMS BY 11:00 PM (4) ROOM RATE NOT INCLUDING BEVERAGE IN YOUR ROOM (5) PLEASE RETURN YOUR ROOM KEY TO CASHIER AFTER CHECK OUT		离店时我的账目结算将由 ON CHECKING OUT MY ACCOUNT WILL BE SETTLED BY □现金　CASH □旅行社免单　T/A VOUCHER □信用卡　CREDIT CARD □公司　COMPANY 客人签名 GUEST SIGNATURE _____	
以下由服务员填写 FOR CLERK USE				
护照或证件名称	号码	签证种类	签证号码	签证有效期
签证签发机关	入境日期	口岸	接待单位	

表7-3 团队人员住宿登记表

团队名称：　　　日期：　　年　月　日　至　年　月　日
Name of Group　　Date　　Year Mon. Day Till Year Mon. Day

房号 Room No.	姓名 Name in Full	性别 Sex	出生年月日 Date of Birth	职业 Occupation	国籍 Nat.	护照号码 Passport No.

何处来何处去：

留宿单位：　　　　　　　　　　接待单位：

2. 换房及延期退房用表

由于种种原因，客人在住宿过程中，可能会要求换房或延期离店。如果客人要换房，前台接待员应填制换房通知单，如表7-4所示，并立即通知相关部门，同时通知客房部清扫房间，更改房态。如果客人要求续住，接待员要问明客人的姓名、房号、续住时间，查看房态，看看能否满足客人的要求。如果客房已订满，应向客人解释，取得客人的谅解。如可以满足客人的要求，要填制推迟离店通知单，如表7-5所示，并通知预订部修改相关资料。

表7-4　换房通知单

Name：_____

	From(由)	To(到)
Room No.(房号)		
Room Rate(房费)		
Date(日期)		
Remarks(备注)		

CC

Housekeeping Information; Deposit; Cashier; Reservation; Switchboard; Reception; Bellboy

表7-5　推迟离店通知单

EXTENTION OF STAY

推迟离店通知

Name_____

姓名

Room_____

房间

　　　　　　　　　　　　　　am
Is allowed to stay until_____pm_____

可停留至

Date_____

日期

　　　　　　　　　　　　　　　　　　　Front Office Manager

　　　　　　　　　　　　　　　　　　　Signature_____

【知识检验与能力实训】

1. 前厅接待的工作内容有哪些？
2. 举例说明前厅接待工作中的常见问题及其处理方法。
3. 前厅接待工作常用的表格有哪些？
4. 由学生进行服务员与客人的角色扮演，模拟前厅接待常见问题的情景，巩固练习其处理的程序与规范，同时注重培养礼貌待客、周到服务的意识。

> 学习目标
>
> ➢ 1.掌握饭店各种房间状态。
> ➢ 2.掌握客房分配的注意事项及顺序。

7.2 房间状态及客房分配

7.2.1 饭店房间状态介绍

(1) Occupied：住客房。

(2) Vacant：空房。

(3) OC：已清洁住客房(Occupied &Clean)。

(4) OD：未清洁住客房(Occupied & Dirty)。

(5) VC：已清洁空房(Vacant &Clean)，指已完成清扫整理工作，尚未检查的空房。

(6) VD：未清洁空房(Vacant & Dirty)。

(7) VI：已检查空房(Vacant & Inspected)，指已清洁，并经过督导人员检查，随时可入住的房间。

(8) CO：走客房(Check out)，指客人刚离店，尚未清洁的房间。

(9) OOO：待修房(Out of Order)，指硬件出现故障，正在或等待维修的房间。

(10) OOS：停用房(Out of Service)，指因各种原因，已被暂时停用的房间。

(11) BL：保留房(Blocked Room)，指为团体客人、预订客人以及重要客人等预留的房间。

(12) SK：走单房(Skip)，指一种差异房态。前厅房态为占用房，而管家房态为空房。

(13) SL：睡眠房(Sleep)，指前厅房态为空房，而管家房态为占用房。

(14) S/O：外宿房(Sleep Out)，指住店客人外宿未归。

(15) LB：轻便行李的住客房(Light Buggage)。

(16) NB：无行李房(No Buggage)。

(17) DND：请勿打扰房(Do Not Disturb)。

(18) DL：双锁房(Double Locked)，指饭店(或客人)出于安全等某种目的而采用双锁的房间。

7.2.2 客房分配

1.客房分配的注意事项

要尽量使团体客人(或会议客人)住在同一楼层或相近的楼层；对于残疾、年老、带小孩的客人，尽量安排在离服务台近的房间；把内宾和外宾分别安排在不同的楼层，并且要注意房号的忌讳；对于常客和有特殊要求的客人予以照顾；不要把敌对国家的客人安排在同一楼层或相近的房间。

2. *客房分配的顺序*

(1) 团体客人。

(2) 重要客人(VIP)。

(3) 已付订金等保证类预订客人。

(4) 要求延期的预期离店客人。

(5) 普通预订客人，并有准确航班号或抵达时间。

(6) 常客、无预订的散客。

【知识检验与能力实训】

1. 简述饭店各种房间状态。

2. 简述客房分配的注意事项。

3. 简述客房分配的顺序。

学习目标

> 掌握饭店接待业务的流程。

7.3 饭店接待业务流程

1. *亲切问候，礼貌欢迎*

办理入住登记的第一步就是对客人表示欢迎，礼貌迎客是对前厅接待人员最基本的工作要求。

2. *确认客人有无预订*

在询问客人订房要求之前，首先要确认客人是否有预订。如果是没有预订的客人即散客到店，在有空房的情况下，应尽量满足客人的住宿要求，并注意贴心地为客人推荐饭店提供的包价项目以及餐厅、酒吧、游泳池、桑拿等其他服务项目。如果遇到饭店客满的情况，对于未经预订而抵店的客人可以拒绝其留宿。不过，前厅接待员可以为其提供无偿的附加服务，比如帮客人在同等级的其他饭店联系客房，帮助客人联系用车等，这样可以使客人感受被关注、被帮助的温暖，对饭店的服务留下深刻的正面印象，为饭店未来的销售创造良好的机会。

3. *填写"住宿登记表"*

无论是哪种形式的住宿登记表，其内容一般都包括客人的姓名、性别、职业、国籍(籍贯)、身份证或签证(旅行证)号码、停留事由、从何处来到何处去、住宿期限以及房号等。正确填写这些信息对于做好酒店经营管理工作具有重要意义。

(1) 房号。正确填写房号，便于查找、识别住店客人及建立客账，保障客人安全。

(2) 房价。房价是结账、预测客房收入的重要依据。

(3) 抵离店日期、时间。正确记录客人抵离店日期、时间，对于结账及提供邮件查询服务来说是非常必要的。

另外，了解客人的离店日期与时间，也有助于预订部的客房预测和接待处的排房工作，而这又是登记表上最容易被忽视的项目。事实上，明确客人离店日期对饭店管理者来说是很重要的，能使饭店在处理超额预订时处于比较主动的地位。当饭店开房率较高时，前台接待员或管理人员应提前一天给预计次日离店的客人打电话或送留言条，核实客人次日的离店时间。

(4) 地址。掌握客人准确的地址，有助于客人离店后的账务及遗留物品的处理，还有助于向客人提供离店后的邮件服务，便于向客人邮寄促销品等。

(5) 接待员签名。可以加强员工的工作责任心，是饭店质量控制措施之一。

"住宿登记表"是有关客人最基本、最原始的资料，一般都要求客人用正楷字填写，尤其是客人的姓名必须填写清楚，要易于辨认。为了缩短客人在大堂逗留的时间，提高工作效率和服务质量，除了提前分配房间以外，总台接待员还可以在客人抵店之前，根据客人的预订资料或"客历档案"，预先将"住宿登记表"上的一些基本项目填好。等客人抵达之后，核实客人身份、证件，请客人填上登记表的其他内容，如客人的姓名和住址等即可。另外，对于团体客人，除了填写"团体人员住宿登记表"以外，接待员应在该团陪同的配合下填写"团客资料单"，此表要一式多份，分别发送餐饮部、客房部等接待部门，它是这些部门为该团客人提供服务的重要依据。"团客资料单"的内容包括团体名称、抵达日期、离店日期、行李件数、搬运行李时间以及叫早时间等。

团队抵店后，如需要改变预订要求或有其他特殊要求，则接待员要填制"更改通知单"和"特殊要求通知单"，并尽快送往有关部门。

4. 确定付款方式，收取押金

为了防止不良客人逃账及饭店客房设施、设备的损坏，饭店通常会向客人收取入住押金，一般押金是房费的两倍(饭店可以视自身情况具体设定)。押金由总台收银处负责保管，并向客人出具收据。如果客人采用信用卡结账，则接待员要用信用卡压印机压印客人的信用卡签购单。此时，接待员必须首先确认客人所持信用卡是饭店所接受的信用卡，确认该卡有效且完好无损。

5. 填写房卡

房卡又名欢迎卡，是客人在所住饭店使用的"护照"。房卡的作用：向客人表示欢迎；表明客人的身份，是楼层服务员为客人开房的依据，同时也可用做客人在餐厅等饭店其他场所消费或购买饭店服务时签单的依据；有一定的促销、向导、声明的作用。在办理入住登记手续时，总台接待人员还应问清客人是否需要开通房间电话(除了长途电话外，很多饭店的市内电话也是收费的)，是否需要签单消费。如需要，则办理相关手续，并提醒客人在消费前出示房卡，以免引起不必要的麻烦。

6. 将房卡和房间钥匙交给客人

将填写好的房卡和房间钥匙双手递给客人，并祝客人住店愉快。

7. 将客人的入住信息通知客房部

在客人办理完入住登记手续离开柜台后，接待员要将客人的入住信息通知客房部，以便服务员做好接待准备。

8. 制作客人账单

在账户设置表格中输入客人姓名、抵达日期、结账日期、房号、房间类型及房费等，然后将账单连同"住宿登记表"、信用卡签购单一起保存好。

情景案例

正值秋日旅游旺季，有两位外籍专家出现在上海某宾馆的总台。总台服务员小刘(一位新手)查阅了订房登记簿之后，简单地向客人说："已定好708号房间，你们只住一天就走吧。"两位外籍专家听了以后就很不高兴地说："接待我们的工厂有关人员答应为我们联系预订客房时，曾问过我们住几天，我们说打算住三天，怎么会变成一天呢？"小刘呆板地用生硬的语气说："我们没有错，你们有意见可以向厂方人员提。"两位外籍专家此时更加恼火："我们要解决住宿问题，根本没有兴趣也没有必要去追究预订客房的差错问题！"正当说话形成僵局之际，前厅值班经理闻声赶来，首先向客人表明他是代表宾馆总经理来听取客人意见的，他先让客人慢慢地把意见说完，然后充满歉意的口吻说："您所提的意见是对的，眼下追究接待单位的责任不是主要的。这几天正当旅游旺季，双人间客房连日客满，我想为您安排一间套房，请您明后天继续在我们宾馆做客，房金虽然要高一些，但设备条件还是不错的，我们可以给您九折优惠。"两位外籍专家觉得值班经理的态度诚恳、所提建议也符合实际，于是应允照办了。

过了几天，住在该宾馆的另一位外籍散客要去南京办事，然后仍旧要回上海出境归国，在离店时要求保留房间。总台的另外一位服务员小吴在回复客人要求时也不够机敏，小吴的原话是，"客人要求保留房间，过去没有先例可循，这几天住房紧张，您就算自付几天房金而不来住，我们也无法满足你的要求"。该外籍客人碰壁以后很不高兴地准备离店，此时值班经理闻声前来对客人说："我理解您的心情，我们无时无刻不在希望您重返我宾馆做客。我看您还是把房间先退掉，过几天您回上海前打个电话给我，我一定优先照顾您入住我们宾馆，如无法安排我也一定答应为您设法改住他处。"

数日后，该外籍客人回到上海，得知值班经理替他安排了一间楼层和方向比原来还要好的客房。当他进入客房时，看见特意为他摆放的鲜花，不由得跷起了大拇指。

(资料来源：http://www.doc88.com/p-998568000099.html)

思考题：

饭店在为客人提供接待服务时应注意些什么？

分析提示：

第一，饭店是中外宾客之家，使宾客满意而归是店方应尽的义务，为了及时处理客人的投诉，在饭店内设置大厅值班经理是很有必要的。

第二，当客人产生不快和恼怒时，店方主管人员首先要稳定客人情绪、倾听客人意见，以高姿态的致歉语气，婉转地加以解释，用协商的方式求得问题的解决。

第三，要理解投诉客人希望得到补偿的心理，他们不但要在身心方面得到慰藉，而且要在物质利益方面也有所获取。当客人感到既满意又符合情理时，饭店提供的服务才算得上出色。

情景案例

在某饭店即将到店的客人中，有两位是日本某跨国公司的高级行政人员。该公司深圳方面的负责人员专程赴饭店为这两位客人预订了行政楼层的客房，并要求饭店安排VIP接待，该公司其他客人的房间则安排在普通楼层。在这两位客人到店之前，饭店相关部门均做好了准备工作。管家部按客人的预订要求，提前清洁行政楼层及普通楼层的客房；前台及行政楼层接待处准备好了客人的钥匙及房卡；大堂副理则通知相关部门为VIP客人准备鲜花和水果，并安排专人准备接待。然而，就在一切准备就绪，等待VIP客人到店之际，其中一位VIP客人先出现在饭店，并声称已入住普通楼层的客房。

经过一番查证，发现客人确已下榻饭店普通楼层的客房。但这并非客人要求，而是由于接待员的工作失误造成的。因为VIP客人与其他客人一行三人抵达饭店时，前台接待员A只核实了第一位客人的姓名与预订单上客人的姓名是否相符，未进一步在电脑系统中查询另外两位客人的预订情况，而这三位客人自称来自同一公司，又是一起抵达饭店，A主观判断是预订单上标示的客人名字出现了偏差，便安排三位客人入住。

并将预订单上的客人名字更改成已入住客人，当实际应入住普通楼层的客人抵店时，另一位接待员B已无法查到该客人的预订。

B虽然通过客人出示的公司名片确认客人为该公司员工，并马上安排此客人入住，但已使客人对饭店的服务水平产生怀疑。

在查清造成上述错误的原因后，当值大堂副理马上与客人联系，但当致电客人房间时，客人均已外出。于是，饭店一方面在行政楼层为客人保留房间，另一方面在VIP客人房间内留下一封致歉信，就此事向客人致歉。在接到VIP客人回到饭店的通知后，大堂副理亲自向他致歉，并询问是否愿意转回行政楼层。客人在接受饭店道歉之后，表示对下榻的客房比较满意，无须再转去其他房间。第二天，当VIP客人离开饭店之时，当值大堂经理又专程向客人当面致歉。客人表示并不介意此次的不愉快经历，并对饭店对他的重视很满意。

(资料来源：豆丁网.http://www.docin.com/p-816535524.html.有改动)

思考题：

1. 此次事件可能对饭店造成何种影响？
2. 该饭店的接待工作存在哪些问题？应如何解决？

分析提示：

1. 此客人为饭店重要的商务客人——某跨国公司的VIP客人，因饭店接待工作疏忽给客人留下不专业的印象，导致客人对饭店的信心产生动摇，很有可能会因此失去这位重要客户，不但会给饭店带来不可估量的经济损失，还会使饭店的声誉和形象受到负面影响。

2. 该饭店接待工作存在的问题如下所述。

(1) 对VIP客人的接待，未能引起每个当班员工的足够重视，当值主管未尽其监督之职。

(2) 工作不细致，未在客人抵店时仔细查询客人的预订。

(3) 工作准确性不够。接待员在发现客人名字与预订单不符时，主观判断是预订单上的名字写错，将预订的名字直接更改为当时C/I客人的名字，造成其他员工无法查到已预订普通楼层房间且随后到店客人的名字，致使该客人无法按预订入住。

此次VIP客人接待工作的失败，是由接待员的疏忽造成的。饭店前台接待员应端正工作态度，加强工作的细致性和准确性，以便为客人提供周到、优质的服务。"差之毫厘，谬以千里"，因为前接待员工作中一个环节的疏忽，造成客人到店后产生一系列问题，影响到后续各个部门的工作，所谓"100-1=0"，一位员工的疏忽使饭店所有部门的努力付之东流，导致饭店声誉在客人心目中大打折扣。虽然饭店事后努力弥补，各相关部门花费大量时间和精力希望客人能接受饭店的歉意，却再也无法给客人留下一个完美的印象。

工作的准确性和细致性，是服务行业的基本准则。饭店各岗位的工作人员，应在工作中认真对待每一个工作细节，踏踏实实完成每一个工作步骤，以保证服务工作的顺利进行。对于将服务看作行业第一生命要素的饭店业来说，只有为客人提供准确到位、细致周到的服务才能使客人对饭店留下一个良好的印象，使饭店在竞争中立于不败之地。

情景案例

某日20:00，杭州一家四星级饭店大堂内，3个旅游团同时抵店，散客在总台排队登记。前台接待员小马和小吴有条不紊、忙而不乱地分别接待散客和团队。小吴是一名老员工，接待团队特别有经验。她向陪同核对了团号、人数、国籍、地接社、组团社、用房数、抵离店时间。陪同拿走房卡后，逐一分给20位客人。小吴则马上通知房务中心、总机客人入住情况，以便做夜床和开长途；通知行李房按陪同的分房名单送行李，随后迅速将相关信息录入电脑。录毕，小吴再一次核对团队接待计划，发现计划书HNWZJ-0915A团号与陪同给小吴的订房单上的团号不一致，陪同订房单上的团号为HNWZJ-0915B。小吴顿时产生疑问，怎么会这么巧合，陪同订房单上的内容除团号有A、B之别外，其余均一样。此时，小吴凭经验感觉不对劲，她怀疑有可能是预订部把"A"错写为"B"。

小吴马上与预订部核对，发现旅行社传真上清楚地写着"HNWZJ-0915B"。小吴马上打电话到陪同房，与陪同再次核对团号全称。此时陪同才告诉小吴刚入住的是B团，并告诉小吴是他自己弄错了，本来这个团订的是另一家市中心的四星级饭店。他在旅行社时，计调部把接这个团的计划先给他，把另一份计划给了另一个陪同。他当时粗心，未仔细看团号，以为自己拿的肯定是A团，就来到了本饭店。偏巧除团号外其他内容两团一样，所以弄错了。此时，小吴除了怪陪同出错外，更怪自己接团时不仔细核对团号。她清楚地意识到，麻烦的事马上就要降临，A团很快也将到饭店，B团占用了10间房后，已无法安排A团同时入住。如果让B团移团，显然不可行，因为客人玩了一天后很累，对饭店也相当满意。况且即使移团，房间要整理，也不现实。小吴想象客人一到大堂，得知因饭店工作失误而无房可住时的愤怒情形，顿时有点不知所措。她知道解决此事的唯一办法就是让已入住的B团陪同与A团陪同联络，让A团陪同立即改变方向，带团去住另一家四星级饭店，但小吴不敢擅自做主。

(资料来源：http://www.docin.com/p-1270206833.html)

思考题：

小吴该如何解决这一双方都负有责任的问题？

分析提示：

(1) 小吴应先告诉住店陪同，因其错把B团拉到本饭店入住，致使A团无法入住，饭店因客房已订满肯定无法解决，只好由旅行社自行协调解决。陪同因工作粗心而将同一社两个除团号有细微区别其他信息都相同的团混淆，应负不可推卸的责任。

小吴如果这样处理，旅行社和陪同也无话可说。只是这样把责任全推给旅行社，不利于饭店和旅行社今后的合作。而且一旦A团到达后，势必会因无房可住而在大堂吵闹，即使最后改住他店，也会给A团客人和其他店内客人留下不良印象，最终旅行社和饭店都将遭受很大的损失。

(2) 让已入住的B团客人立即收拾行李改住其他饭店。这样做，不愉快甚至愤怒的是已先入住的B团客人。这种顾此失彼的做法，很有可能导致B团和A团在大堂相遇，两团客人一起吵闹，后果将更为严重。

(3) 立即查看房态，通知值班经理由其决定是否把饭店维修房、残疾人用房、豪华套房、总统随从房、值班房以及已过预订保留时间的客房找出来，看能否达到或接近10间。在A团一定要住本饭店而B团不肯改住其他饭店的情况下，请A团先在此将就一晚。但即使这样可以解决，也很可能招致客人不满，因为凑起来的房间分布于多个楼层，标准不一致，房内设施不一致，临时投入使用的维修房也很难保证质量，第二天即使有房可换也会给各方面带来诸多不便。

(4) 由陪同出面与旅行社联系转移A团到另一家饭店。小吴须立即报告上级如大堂副理，由其与销售部主管、销售员协商，请旅行社通知A团陪同立即调转方向去原B团预订的饭店。这样不仅能避免两方面的不满(因A团入住的是市中心同档次饭店)，还可以大大减少饭店成员和员工的工作。此方法可以妥善地解决"张冠李戴"之事，前提是行动必须迅速、有效，当机立断。这样处理，既表明了接待员负有一定的责任，愿意主动解决问题，又暗示了旅行社应负主要责任；而且在A、B团客人不知内情的情况下，互换了同档次饭店，也不会引起客人不满，最终达到旅行社、饭店保持良好关系的目的。

此事件给酒店接待工作带来的启示：

第一，接待员在接团时要逐项核对计划书与旅行社订房单是否相符，防止只报社名、人数、国籍而不详细注明其他订房要点的现象出现。

第二，预订部在与旅行社核对团队资料时，应详细问明每一个团体的情况。如团号上另注明A、B团甚至C、D团，应做特别提醒，可用荧光笔划出。

第三，行李房在接收行李时应核对团号，如发现有误，及时提醒总台。

第四，如果团队有事先发来的名单，则在入住时，接待员应核对入住登记客人姓名与团体客人分房名单上的姓名是否相符，以便提前发现问题，防患于未然。

【知识检验与能力实训】

1. 简述前厅接待服务的程序。

2. 由学生进行服务员与客人的角色扮演，模拟前厅接待服务的情景，巩固练习接待服务的程序与规范，同时注重培养礼貌待客、周到服务的意识。

第8章 问讯业务实训

学习目标

> 1. 掌握客人问讯的内容。
> 2. 掌握问讯处所设资料。
> 3. 掌握应答客人问讯时的注意事项。

8.1 问讯服务基础知识

饭店客人来自五湖四海,在陌生的地域里自然会有很多不明白、不熟悉的情况和事情需要了解、咨询和寻求帮助。为了使客人感到宾至如归,饭店有必要向客人提供问讯服务。问讯处一般设在饭店的前台,该部门的工作内容包括:接受客人问讯,受理住客、访客留言,处理客人邮件等。

8.1.1 客人问讯的内容

客人问讯的内容包括:某位客人是否已入住本饭店;某位客人的房间号码;餐厅、酒吧、商场所在位置及营业时间;宴会、会议、展览会举办场所及时间;饭店提供的其他服务项目、营业时间及收费标准,如健身服务、医疗服务、洗衣服务等;饭店提供的各项服务项目、营业时间及收费标准;各类交通工具的情况,如公共汽车、出租车、地铁、火车、轮船、飞机等的时刻、价目等;近期内大型文艺、体育、会展等活动的基本情况;世界地图、中国地图、本省和本市地图;中国工商业企业名称、黄页;周边主要旅游区的相关信息;本地出租车每公里收费标准;本地至周边主要城市的距离及各种抵达方式;本地市内交通情况及公交情况;本地主要银行名称、地址、电话;本地主要医院名称、地址、电话;本地政府各部门地址、电话;本地大专院校、科研机构及主要企业地址、电话;本地附近的教堂、庙宇的地址及开放时间;本地著名旅游景点、特色、票价及开放时间;本地有名的餐厅、商场、购物中心、超市等地址及营业时间;本地其他主要饭店的地址、电话;介绍本地风景名胜的宣传册等;近日主要城市、景区的天气状况。

> **情景案例**

一个星期天，北京某饭店服务台问讯处，从英国来华的乔治先生在问讯台前踌躇良久，似有为难之事，问讯员小胡见状，便主动询问是否需要帮助。

乔治先生说："我想去游览长城八达岭，乘旅行社的专车去，他们配有讲英语的导游，对我游览有很大的帮助。"

小胡问："乔治先生，您昨天预订旅行车票了吗？"

乔治先生答："没有，因为昨天不想去，今天我又冒出想去的念头。"

小胡知道，饭店规定，去长城游览的客人必须提前一天登记，这样旅行社才会于次日派车来饭店接客人。昨天没有一位客人登记，旅行社的车肯定不会来。小胡想了想，对乔治先生说："请您稍等，我打电话与旅行社联系，若还没发车，请旅行社派车到饭店来接您。"

小胡马上打电话给旅行社，旅行社告之，去八达岭的车刚开走，让小胡直接与导游联系，并告之导游的手机号。于是，小胡又马上和导游联系，导游同意并说马上将车开到饭店接乔治先生。小胡放下电话，对乔治先生说："乔治先生，再过10分钟，旅行社的车就来接您，请您稍等。"乔治先生很是感动地连声说："谢谢！谢谢！"

（资料来源：http://www.taodocs.com/p-52498678.html）

分析提示：

(1) 问讯员小胡对乔治先生的接待是积极主动、热情礼貌的，如见到在前台问讯处踌躇的乔治先生，主动上前询问；当得知乔治先生的诉求后，尽力帮乔治先生联系旅行社，体现了小胡视客人为上帝的服务理念。

(2) 小胡在既遵守饭店规定，又不违反原则的情况下，为乔治先生提供超常规服务，体现了他善于动脑、思维敏捷、办事效率高的工作风格，使乔治先生能很快实现自己游长城的愿望。

8.1.2 问讯处所设资料

问讯处所设资料包括：资料架、邮件钥匙架；交通时刻表、价目表；世界地图、全国地图、全省和本地地图；旅游部门出版的介绍我国风景名胜的宣传册；本饭店及其所属集团的宣传册、电话号码簿、邮资价目表；饭店当日活动安排表；当地电影院、剧场的节目表；当日报纸；饭店向导卡等。

8.1.3 应答客人问讯时的注意事项

问讯员在接受客人问讯时要注意正确、快速地回答客人的问题，做到有问必答、百问不厌。如遇到无法回答的问题，应热情帮助查找，绝对不能简单地回绝说"我不知道"；

可以请客人留下姓名、房号和电话号码,等得到正确信息后再迅速转告客人。

当来访者要求查询住客时,要注意为住客保密,谨慎对待。一般情况下,未经住客允许,饭店不得向外泄露住客房号及住客的活动情况。如果有来访者要求会见某位住客并来到问讯处询问住客房号,问讯员首先应了解来访者的姓名以及是否与住客有约在先,然后应通过电话将来访者的信息告诉该住客,经住客同意后,才能将房号告诉来访者;如果住客不在房间内,问讯员可根据情况通过呼唤找人服务等方式在饭店的公共区域内寻找;如仍无法找到被访者,可建议来访者留言。前台服务人员不能直接把来访者带入房间,尤其要注意那些事先声明拒绝受访的住客,但也不要得罪来访者,应机智灵活,委婉处理。如属于外来单位或部门因公需要查询住客情况,问讯员应向上级汇报。

> **学习目标** 💡
>
> ➢ 掌握留言服务内容。

8.2　留言服务内容

8.2.1　访客留言

访客留言是指来访客人给住店客人的留言。留言单通常一式三联。访客留言后,首先应开启被访者客房的留言灯,接着将访客留言单的第一联放入邮件钥匙架,将第二联送电话总机处,将第三联交礼宾员送往客房,由其将留言单从房门底下塞入客房。这样,客人可通过两种途径获知访客留言内容(进入客房时,发现留言单;发现客房内留言灯亮着,通过询问话务员或问讯员,获悉留言内容)。无论是问讯员还是话务员,在了解到客人已获悉留言内容后,应及时关闭留言灯。晚上,问讯员应检查邮件钥匙架,如发现孔内仍有留言单,应检查该房号的留言灯是否已经关闭,如留言灯已关闭,可将邮件钥匙架内的留言单作废;如留言灯仍未关闭,则应通过电话与客人联系,将留言内容通知客人;如客人不在酒店,应继续开启留言灯并保留留言单,等候客人返回。对于留言传递的基本要求是迅速、准确。留言具有一定的时效性,为了确保留言传递的速度,针对来访客人给住客的留言,有些饭店规定问讯员要每隔一小时打电话到客房通知客人。这样,客人最迟也可在回饭店后一小时之内得知留言的内容;还有的饭店要求除了派客房服务员将留言单从门底下塞入客房以外,客房服务员还要在客人回到客房后进房提醒客人有关留言事宜,以确保留言的传递万无一失。另外,为了对客人负责,如果不能确认客人是否住在本饭店或虽然住在本饭店但已结账离店,则不能接受对该客人的留言(客人有委托时除外)。访客留言单如表8-1所示。

表8-1 访客留言单

××HOTEL
Message from Visitor to Guest

For_____   Room No. _____
From_____   Date _____
◎Please call to _____
◎Will call again
◎Message：_____
_____
_____

Clerk_____ Date_____ Time_____

8.2.2 住客留言

住客离开客房或饭店时，如希望给来访者(包括电话来访者)留言，则需要填写一式两联的住客留言单，问讯处与电话总机各保存一联。住客留言单可以由住客亲自填写，也可由问讯员帮助填写。如客人来访，问讯员或话务员可将留言内容转告来访者。住客留言单上一般应写明留言内容的有效时间，过了有效时间，如未接到留言者新的通知可将留言单作废。另外，为了确保信息的准确性，在接受留言时，要注意掌握留言要点，尤其是在接受电话留言时，要做好记录，填写留言卡，并向对方复述一遍，得到对方的确认。住客留言单如表8-2所示。

表8-2 住客留言单

××HOTEL
Message from Guest to Expected Visitor

To_____
Expected visitor's name _____
From_____   Room No. _____
I will be at _____
                am   am
between_____ pm and_____pm
Message：_____
_____
_____

Clerk_____ Date_____ Time_____

情景案例

一天，有两位外宾来到某饭店总台，要求协助查找一位名叫帕特森的美国客人是否在此下榻，并想尽快见到他。总台接待员立即进行查询，果然有位叫帕特森的先生。随后，接待员接通客人的房间电话，但长时间没有应答。接待员便耐心地告诉来访客人，确有这位先生住宿本店，但此刻不在房间，也没有留言，请他们在大堂休息等候或另行约定。

这两位来访者对接待员的答复不太满意，并一再说明他们与帕特森先生是相识多年的朋友，要求总台接待员告诉他的房间号码。总台接待员和颜悦色地向他们解释："为了住店客人安全，本店有规定，在未征得住店客人同意时，不得将房号告诉他人。两位先生远道而来，正巧帕特森先生不在房间，建议您二位在总台给帕特森先生留个便条，或随时与酒店总台联系，我们乐意随时为您服务。"

来访客人听了接待员这一席话，便写了一封信留下来。

晚上，帕特森先生回到饭店，总台接待员将来访者留下的信交给他，并说明为了安全起见和不打扰客人休息，总台没有将房号告诉来访者，敬请先生原谅。帕特森先生当即表示予以理解，并表示这条规定有助于维护住店客人的利益，值得赞赏。

(资料来源：http://www.doc88.com/p-9798130602594.html)

分析提示：

为住店客人保密是酒店的原则，关键在于要处理得当。这位接待员始终礼貌待客，耐心向来访者解释，并及时提出合理建议。由于解释中肯、态度和蔼，使来访者提不出异议，倒对这家饭店严格的管理留下深刻的印象。从这个意义上讲，维护住店客人的切身利益，以安全为重，使客人放心，正是饭店应该为客人提供的一种无形的特殊服务。

【知识检验与能力实训】

1. 简述回答客人问讯的注意事项。
2. 简述住客留言与访客留言服务的程序。
3. 由学生进行服务员与客人的角色扮演，模拟前厅问讯及留言服务的情景，巩固练习两项服务的程序与规范，同时注重培养礼貌待客、周到服务的意识。

第9章 总机业务实训

学习目标

➢ 掌握总机房的业务范围。

9.1 总机房的业务范围

1. 转接电话服务

转接电话是指转接由店外打进饭店的电话。为了能准确、快捷地转接电话,话务员必须熟练掌握转接电话的技能,熟知交换机的操作方法,同时应了解本饭店的组织机构、各部门的职责,尽可能多地辨认常客、长住客和饭店管理人员的嗓音。除此之外,话务员还应掌握饭店内部各分机所处位置以及管理人员的值班安排,以提供部门电话转接服务。

话务员应重视转接电话的技能、技巧,做到礼貌规范用语不离口。当铃声震响,应立即答应,高效率地转接电话,并注意以下事项。

(1) 当客人指明要找某人接电话时,应协助寻找受话人,不能只是简单地接通某分机。

(2) 当分机占线,需客人等候时,应在接通期间不断将进展情况通报客人;线路畅通后,应先通知客人,再接通电话。

(3) 如果不能接通某分机,应主动征求客人意见,是否同意转接到其他分机或找其他人接电话。

(4) 打给某房间的电话,应先征得住客同意方可转接。

(5) 如果客人不在房间,应将来话人的姓名和电话内容记入留言单。

(6) 挂断电话时切忌匆忙,一定要等客人先挂断,才能挂断。

2. 回答问讯和查询电话服务

店内外客人常常会向饭店总机提出各种问讯,因此,话务员要像问讯处员工一样了解常用的信息资料,尤其是饭店各部门及当地主要机构的电话号码,以便正确、快速地回答客人的问讯。

当客人需要某种服务求助于总机时,话务员应立即与有关部门联系,及时满足客人的需求。

查询电话服务的程序和规范如下所述。

(1) 对于常用的电话号码,话务员须对答如流,以提供快速查询服务。

(2) 如遇查询非常用电话号码,话务员需请客人保留线路稍等,以最有效的方式为客人查询号码,确认号码正确后,及时通知客人;如需要较长时间,则请客人留下电话号码，待查清后，再与客人电话联系，告诉客人。

(3) 如遇查询某单位内部的电话，话务员首先应问清客人是否有该单位的电话号码。

(4) 如遇查询客人房间的电话，在总机电话均占线的情况下，话务员应通过电脑为客人查询。但此时应注意为客人保密，不能泄露住客房号，可接通后让客人直接与其通话。

情景案例

"十一"黄金周某天的19:40左右，总机接到一位外地客人打来的问讯电话。该客人自驾携家人来新昌游玩，而且已在饭店订了房，但天色已黑，不知该如何行车才能到达饭店。总机服务员自认为对本城路线非常熟悉，待问清客人所在位置后，便给他指了一条最便捷的行车路线。

20分钟后，这位客人打来第二个电话，说他们已经到东门大转盘。这不是离饭店很近了吗？就算是步行，最多也就5分钟的路程。于是，总机服务员不假思索地告诉客人："绕过转盘上来100米左右，在国邦大饭店门口向左一拐就能看见我们饭店了！"

"上来？上哪儿来？我面前有三四条路，小姐！我又不是本地人，你咋拎不清呢！"

电话那头突然传来的呵斥声让总机服务员愣住了，两秒钟后她才反应过来。其实，在那个转盘里立有一块本饭店的方向指示牌，因为不是很大，客人可能没注意到。于是，总机服务员赶紧道歉，并提醒客人注意立在转盘里面的指示牌。一经提示，客人马上就看到了指示牌，说了句"知道了"，就挂了电话。

(资料来源：https://max.book118.com/html/2017/0127/87013046.shtm)

分析提示：

在饭店内，不管是哪个岗位，能否真正做到把客人放在首位、凡事都从客人的角度去考虑，对于提高服务质量至关重要。当今饭店业处于竞争激烈的微利时代，如果饭店仍然只从自身角度出发为客人服务，而不站在客人的角度提供服务，终会被淘汰出市场。本案例中，总机服务员一开始在为客人指路时，说了不少诸如上来、下去、向东、往西等词，这对初到陌生城市的人来说，而且是在晚上七八点的情况下，很难起到指示作用。倘若服务员能够设身处地地为客人着想，少从自己的角度或立场出发，那么就可以避免客人的呵斥之声了。所以，要想为客人提供好的服务，现代饭店必须转变观念，加强对员工的培训，使员工自觉地站在客人的立场上，为客人提供合心合意的服务。

3. "免电话打扰"服务

(1) 接到客人"免电话打扰"的通知后，要及时把客人房内的电话号码通过话务台锁上，同时把该客人的信息通知所有当班人员。

(2) 在交接班本上记录提出免打扰要求的客人的姓名、房号及接到客人通知的时间。

(3) 客人要求取消"免电话打扰"时，应立即为客人的电话开锁，同时在交接班本上注明"免电话打扰"已取消及取消的时间。

(4) 在免打扰期间，话务员应该礼貌地向所有来电客人转达该信息，并建议其留言或稍后再来电。

4. 电话叫醒服务

话务员在接受客人要求的叫醒服务的时候，应询问要求叫醒的时间与客人的房号，并正确填写叫醒服务记录。叫醒服务记录按叫醒时间的顺序排列。话务员在交接班时，要妥善转交叫醒服务记录。

1) 人工叫醒服务

客人要求提供叫醒服务时，应把客人的房号、所需叫醒时间记录下来，并向客人重复其要求以确保无误，同时做好交接班工作，以便准时提供叫醒服务。叫醒服务要讲究技巧，叫醒电话铃声应轻而短。客人应答电话时，应用英语和普通话重复说："早晨好，这是×时×分的叫醒。"过5分钟后应再叫醒一次，以确认叫醒服务已生效。

如果两次拨打叫醒电话均无人应答，要请楼层服务员去实地查看。有些饭店在提供叫醒服务的同时，进行电话录音，客人投诉时，可作为解释的依据。采用这种方式时，必须在叫醒电话中与客人对话，如"您好，这是早晨×时的叫醒。请问您的房间号码是多少"，客人回答"×××房"。这样，可取得对饭店有利的证据。

2) 自动叫醒服务

使用自动叫醒系统的饭店，当客人要求提供叫醒服务时，应问清叫醒的具体时间及房号并做记录，之后将此信息指令输入交换机。总机领班或主管应该核对输入情况，检查有无差错，并检查、核对打印报告，以防打印错误。到了预定时间，客人的电话机将自动响铃，如果响铃时间已达1分钟仍无人接电话，铃声自动终止，过5分钟将再次响铃1分钟。

小知识

酒店的电话自动叫醒系统出现故障的应对措施

(1) 叫醒服务是饭店应提供的基本服务，当电话自动叫醒系统出现故障时，若是团队客人，饭店可向陪同说明酒店的难处，征得陪同的理解与合作，帮助酒店唤醒客人。

(2) 如陪同拒绝合作，酒店应毫无怨言地把这项工作做好，不得为难陪同或团队客人。

(3) 由前厅部经理或大堂副理牵头，组织人力把要求叫醒服务的房号分散到指定人员手中，减轻总机人员的压力。

(4) 在饭店旺季，自动叫醒系统经常出现故障，应及时检修，认真维护设备，更换有关设备，必要时可增加总机人员。

5. 火警电话的处理

接到火警电话时，要了解清楚火情及具体地点，然后按下列顺序通知有关负责人到火灾区域。

(1) 通知总经理到火灾区域。
(2) 通知驻店经理到火灾区域。
(3) 通知工程部到火灾区域。
(4) 通知保安部到火灾区域。

(5) 通知医务室到火灾区域。

(6) 通知火灾区域部门领导到火灾区域。

> [!NOTE] 学习目标
> ➢ 掌握总机房员工的基本素质。

9.2 总机员工的基本素质

总机员工应具备的基本素质包括：口齿清楚，声音甜美，耳、喉部无慢性疾病；听写迅速，反应快；工作认真，记忆力强；有较强的外语听说能力，能用三种以上外语为客人提供话务服务；有酒店话务或相似的工作经历，熟悉电话业务；熟悉电脑操作及打字快速；掌握旅游景点及娱乐等方面的知识和信息；有很强的信息沟通能力。

> [!NOTE] 学习目标
> ➢ 掌握总机服务的注意事项。

9.3 总机服务注意事项

1. 铃响三声之内接起，自报家门，礼貌应答

所有来电，务必在铃响三声之内接听，以充分体现饭店的工作效率。故意延误或提起听筒以后还照常和周围的人闲扯，把发话人冷落在一边，这是不允许的。

接起电话后先问好，再报酒店名称，最后讲问候语。例如，"您好，××饭店，请问我能帮您什么忙吗"，这样显得彬彬有礼，给人一种亲切感。

2. 声音甜美，音调适中，避免用过于随便的语言

与客人通话时，声音必须清晰、亲切、自然、甜美，音调适中，语速正常，音调偏高或偏低，语速偏快或偏慢，都应通过培训加以调整。在具体服务时，应确保语气热情、修辞恰当，避免用非正规、非专业化以及不礼貌的词语。

3. 电话接线要迅速、准确，遇到无法解答的问题时，要将电话转交领班、主管处理

下榻饭店的客人所接到的电话大多数都是长途电话，都很重要，因而电话接线要迅速、准确。另外，不许误传客人的信件或电话留言，一定要做到认真、耐心、细心；在客人讲完话之前不要打断也不可妄下结论；对听不清楚的地方要复述客人的话，以免出错；听电话时要注意礼貌，仔细聆听对方讲话，重复其中的重要信息，并用"喂""对""是"来给对方积极的反馈；遇到无法解答的问题时，要将电话转交领班、主管处理。

如果对方发出邀请或会议通知，应致谢。如果对方想要反映问题或投诉，接待要耐心，回复对方的话要注意语气和措辞，要显得热情、诚恳、友善、亲切，并使对方体会到你对他的关注。

4. 转接服务无人接听应做好记录

为客人提供电话转接服务时，接转之后，如对方无人接电话，铃响半分钟后(5声)，必须向客人说明："对不起，电话没有人接，请问您是否需要留言？"若是重要的事，应做记录。记录时要重复对方的话，以检验是否无误，然后应等对方先结束谈话。如果通话期间无法做出决定，可告知对方待自己请示领导后，再通电话决定。

5. 遵守酒店规定，保护客人隐私

如遇查询客人房间的电话，应注意为客人保密，不能泄露住客房号，可接通后让客人直接与其通话。

6. 礼貌结束通话

通话结束时，应说"谢谢您"。对方挂断电话方为通话完毕。任何时候都不得用力掷听筒。

情景案例

一天，某饭店的一位客人要求总台为他提供一次第二天早上6时的叫醒服务。总台服务员马上通知总机。然而，第二天早上7时过后，该客人非常气愤地来到大堂经理处投诉，由于早上没有人来叫他起床，也没有听见电话铃声，导致他延误了国际航班。后经查实，总机在接到总台指令后，就立刻通过电脑为他做了叫醒服务并排除了线路及器械的故障的可能。经过分析后认为，可能是由于该客人睡得较沉，没有听见。而电话铃声响了几次之后就会自动切断，以致没能叫醒客人。

(资料来源：http://www.canyin168.com/glyy/yg/ygpx/fwal/201202/39590_2.html)

思考题：

提供叫醒服务时，无人应答该怎么办？

分析提示：

除了电脑设置之外，可再让服务员于5分钟后到房间做一次上门叫醒，就可以完全避免此案例中所发生的不愉快。假如客人已经醒，可以询问客人是否要退房，是否要为他叫一辆出租车，以及是否需要帮他把行李搬下去等。总之，在服务过程中，能设身处地为客人多想一想，那么，这些事根本就不可能发生。

【知识检验与能力实训】

1. 简述总机房的业务范围。
2. 简述总机员工应具备的基本素质。
3. 简述总机服务的注意事项。
4. 由学生进行服务员与客人的角色扮演，模拟前厅总机服务的情景，巩固练习此项服务的程序与规范，同时注重培养礼貌待客、周到服务的意识。

第10章 结账业务实训

学习目标

> 1. 掌握结账处的主要工作内容。
> 2. 掌握结算客账服务程序。

10.1 结账业务基础知识

结账处也称收银处,通常位于大厅总服务台内,与前厅接待处、问讯处相邻。收银处在饭店中的隶属关系因饭店而异,在大中型饭店中归财务部管辖,在小型饭店中则多隶属于前厅部。目前,在大多数饭店中,前厅收银业务由财务部管辖;其他方面,如人员的班次、着装、奖惩等,则由前厅部管理。

10.1.1 结账处的主要工作内容

结账处的主要工作内容包括:收散客、团队预付款;办理散客、团队、单位结账及转账手续;办理超限额客人的账务;收兑外币现钞,兑换旅行支票;编制收款报告和向财务部缴纳当日营业款;办理客人贵重物品的存放、提取;审核结账发票和缴款单;办理店内租赁单位的入账工作;客人消费签单挂账的稽核;审查在店和将要离店客人的账务情况;填发催款信;与楼层服务台核对空房;核查在店客人登记情况;累加住店客人房费;编制和送发营业日报表;审查结账后的房单;审查预付款不足和未交款客人的情况;审查拖欠款客人的账务。

10.1.2 结账服务程序

1. 散客结账服务

(1) 问候客人,明确客人是否结账退房。
(2) 确认客人的姓名与房号,并与客人的账户核对。
(3) 检查客人的退房日期,如果客人是提前退房,收银员则应通知相关部门。
(4) 核实延时退房是否需要加收房费。客人在中午12:00以后退房,一般按饭店要求,延迟退房至下午6:00前,加收半天房费;延时超过下午6:00,则加收一天房费。如客人有异议，请大堂副理出面协助解决。饭店有优惠延时退房规定除外。

(5) 通知客房楼层查走房，检查客房小酒吧酒水耗用情况，客房设备、设施的使用情况，以及客人是否拿走客房内的日常补给品——供客人免费使用，但不可带走，否则需按价赔偿。

(6) 委婉地问明客人是否还有其他即时消费，如电话费、餐饮消费等。

(7) 将已核对的客人分户账及客人的账单凭证交客人过目，并请客人签名确认。

(8) 请客人确认付款方式并结账，如客人入住时交了押金，则收回押金单。

(9) 收回客人的房卡和房门钥匙，检查客人是否有贵重物品寄存，并提醒客人。

(10) 行李员提供行李服务。

(11) 问清客人日后是否需要预订客房，或者预订本饭店连锁管理集团下属的其他饭店客房。

(12) 更新前厅相关信息资料，如房态表和住客名单等，将客人结账离店的消息通知相关部门，如总机、客房部等。

(13) 做好账款统计、材料存档工作，方便夜间审核。

2. 团队结账服务

1) 团队结账服务流程

(1) 将结账团队的名称、团号通知客房服务中心，以便检查客房酒水的使用情况。

(2) 查看团队预订单上的付款方式以及是否有特殊要求，做到公付、自付分开。

(3) 打印团队账单，请该团陪同在团队公账上签字，并注明他所代表的旅行社，以便将来与旅行社结算。

(4) 为该团有账目的客人打印账单、收款。

2) 团队结账服务应注意的问题

(1) 结账过程中，如出现账目上的争议，应及时请结账主管人员或大堂经理协助解决。

(2) 收银员应保证在任何情况下，都不得将团队房价泄露给客人，如客人要求自付房费，应按当日门市价收取。

(3) 团队如需延时离店，须经销售经理批准，否则按当日房价收取房费。

(4) 凡不允许挂账的旅行社，其团队费用一律在入住前现付。

(5) 团队陪同无权私自将未经旅行社认可的账目转由旅行社支付。

(6) 如有客人逃账，应通知本市同行业，请求协查；将该客列入逃账黑名单，通过行业联谊会发出通报，以便该客再次入住时予以截获；还要查明造成逃账的原因，按有关规定对责任人做出相应处理。

学习目标

> 熟悉不同结算方式的服务程序。

10.2 不同结算方式的服务程序

10.2.1 现金结算

现金结算不需要经过其他财务手段(如转账、托收等),所收的钱款可立即用于生产运营,从而缩短资金运转周期,提高饭店流动资金的运作效率。但现金收入量大,会在无形中增加收银员的工作责任,增大长、短款的差错率增大,且保管现金的责任也更为重大。

(1) 当客人将现金交给收银员时,收银员应唱收现金数量。如果是外币现金,则应在账单上加盖"外币币种"字样的印章,并应严格控制收取外币数量。

(2) 依据客单复核钱款数无误后,收下现金并唱付找零。

(3) 在客单上盖"付讫"字样的印章后,把客单的客人联与找零一同给客人。

(4) 保存好客单的其余联,以备审核、统计。

10.2.2 信用卡结算

信用卡是一种由银行或专门机构提供给客人用于赊欠消费的信贷凭证。持卡人在饭店付账时只需在有关单证上签字,不必支付现金;饭店则凭持卡人签字的单证向发卡银行或专门机构收款;发卡银行或机构再按期向持卡人结算。收银员收取信用卡时,应注意信用卡的有效期、客人签名与卡上的初签是否吻合等。信用卡结算程序如下所述。

(1) 当客人出示信用卡要求付账时,收银员应检查此卡是否属本饭店可接受的信用卡种类,检查其有效日期和外观完整与否(如有明显无效、残缺的情况,应当向客人指出),并让客人在客单上签名,查看客人签名是否与信用卡背签相符。

(2) 如果是国内信用卡,还应请客人出示身份证件。

(3) 收银员根据最新收到的"黑名单"或"取消名单",进一步检查信用卡是否有效,或通过终端机检测信用卡、办理信用卡授权等。确认无误后方可取签账单,压印信用卡。

(4) 收银员在压印好的签账单上填写客单上的消费总计数,并交给客人签字。客人信用卡的号码应清晰地用刷卡机印在签账单上,刷卡的日期要正确。签账单的最后一联必须非常清楚,如果不清楚则必须再刷一次卡。必须当着客人的面撕毁第一次刷好的签账单(此项工作也可在客人办理入住登记时完成)。

(5) 将签账单的持卡人联与盖上"付讫"字样章的客单客人联连同信用卡一起交还给客人。

(6) 把签账单其余联和客单其余联像现金一样存放好。

(7) 其余两联或三联签账单交财务部处理。

(8) 把信用卡还给客人并向客人道谢、道别。

情景案例

一日，某饭店餐厅来了两位客人。男宾衣冠楚楚，器宇轩昂；女宾端庄秀美，风韵高雅。

服务员依惯例向两位来宾致欢迎词，并热情引座。

两位客人落座后，服务员便送上了茶水、毛巾和干果。稍作休息后，伫立一旁的服务员接受客人的点菜，殷勤地介绍特色菜肴。

女宾将菜单转给男宾，说："还是由老同学来点吧。你在香港定居这么多年，又事业有成，肯定是一个美食家。"男宾马上谦虚客套一番，同时非常老道地点起了菜。很快，服务员非常有节奏地将菜端上餐桌。"酒逢知己千杯少"，男宾胃口特别好，不断劝女宾多吃菜，自己也不断喝酒，还嫌酒不够，让服务员加酒。他们两人畅叙友情，回忆过去，十分开心。

用餐即将结束之时，男宾示意服务员结账，并随手从裤子口袋里摸出一张信用卡，交给服务员。不一会儿，服务员走回来，告诉男宾信用卡本来已透支，现在付这餐账单还差一部分。男宾满腹狐疑，起身来到账台，问："你们今天会不会搞错了，或者电脑出了故障？"账台服务员回答："先生，刚才几位客人刷信用卡时也是用的这台电脑。这样吧，我再给您试一试。"账台服务员又重新试了一遍，结果与前次相同。男宾有些不知所措，面部表情由难堪转为生气，嗓门也比刚才提高了许多："你们不相信我。我可是住店客，不是过路客，每天住店的消费，不知要比今天这顿饭多多少，我绝不可能搞错！"

这时，餐厅领班、服务员都陪笑脸，不断安慰这位男宾，请他再仔细想一想。

"先生是否可改付现金？""带了信用卡就没带现金。要现金，有的是，在客房。就是有现金，我现在也不付。"他回答道。这时，同来的女宾款步走来。她谦和地对领班说："这位先生是不会弄错的，你们可以再查一查，我来付现金。"说完将皮包打开。

见此情景，男宾当然更加气愤，他连忙阻拦女宾，将信用卡重重地摔在账台上，拉着女宾扬长而去，还高声地说："随你们的便，反正不会赖你们的账，莫名其妙……"餐厅将这位男宾的信用卡带到饭店大堂总台查询，验卡结果和在餐厅一样。

下午，餐厅经理亲自来到男宾的客房，将信用卡交还给他，并告诉他经多方验证，信用卡里确实已无钱可付。男宾此时的态度与中午相比，已经恢复平静，他说："非常抱歉，是我弄错了，昨天我支付了一笔较大数额的款项。我这个人有个毛病，就是喝酒有些过量时就控制不住自己的情绪，还容易忘事。"

"应该是我们向先生道歉。餐厅里人多，我们伤害了先生的面子。当时，我们都知道先生是住店客，是不会不付账的。"餐厅经理话语真诚。

这时，这位男宾从写字台的抽屉里又拿出一张新的信用卡说："这张卡绝对没问题，请经理先带回去，晚餐时我会来用餐的。"

"这倒不必，欢迎先生晚餐再次光临，到时一并结账也是一样的。"

听到餐厅经理这样说，男宾的脸上露出了满意的笑容。

（资料来源：http://www.docin.com/p-546811488.html）

10.2.3 记账结算

记账结算是指与饭店有协议或有业务往来的公司,将其在饭店各营业场所的消费签单转其公司,由公司定期与饭店结算。这种结账方式必须由饭店与有关公司、客户预先签订协议作为依据,客人也需持有公司的有关证明文件或饭店发出的有关凭证(如本饭店可签单VIP卡),才被允许以这种方式结账。如前台收银员对此无把握,则应报告信贷经理或值班经理处理。以这种方式结账时,应请客人在账单上签名认可,然后将账单连同有关公司的证明信件转到会计部,作收账处理。

10.2.4 支票结算

(1) 旅行支票。旅行支票是一种由银行、旅行社为便利国内外旅游者而发行的带有银行汇票和支票双重性质的信用凭证。

(2) 转账支票。结算时,应检查转账支票内容是否齐全,是否有付款单位名称及其开户银行的账号,以及是否在有效期内。请客人在客单上签署姓名、单位名称及地址。有时为保险起见,还需在支票背面记下付款人的证件号码、电话号码及地址等。开具支票必须使用钢笔填写,确保书写清楚、正确无误。办理完毕,应把支票付款人联与客单客人联一同交还客人,把支票其余联当现金保管好,并把客单其余联存放好。

(3) 现金支票。有时也可能遇到客人用现金支票结算的情况。这时,收银员首先应检查支票的真伪及有效与否;检查无误后,请付款方在现金支票背签或盖章,并记下付款人的工作单位、证件号码;再根据客单上的总计消费数额,填入现金支票金额栏;最后把客单盖上"付讫"章后,交客人收执,保存好客单其余联。

情景案例

某日晚,一位外籍住店客人正在兑换外币,在填写旅行支票时,不慎将名字签错了地方。面对签错的支票,饭店总台外币兑换员对客人说:"这张支票签名的地方不对,请换一张。"客人不同意,双方发生争执,兑换员坚持不予兑换,客人满腹怒气,来到大堂经理处。经理小杨正在值班,看到气呼呼走过来的客人,小杨迎上前去,问道:"先生,能为您效劳吗?"客人说了事情的经过,显得很着急。小杨听罢,心中暗忖,兑换员说不行,怕是难以变通,但又不能随随便便将一个寻求帮忙的客人拒之门外。小杨安慰客人道:"先生,别着急,事情总可以解决的,请您先喝杯咖啡,我帮您想办法。"说完,把客人请到酒吧稍作休息。 小杨并不熟悉兑换外币业务,但他想客人之所想、急客人之所急,积极了解这方面的情况。随即他拨通储蓄所的电话,诚恳地向他们请教。电话接通了:"您好,我是××饭店,我们这里的一位客人在兑换外币时签错了支票,我想请教一下,是否有可以补救的办法?"对方听后请小杨打电话到分行询问,小杨道:"谢谢!"随后小杨又拨通分行办公室的电话,对方请他咨询国际兑换台。小杨又一次拿起电话,接通分行国际兑换台,请求帮助。银行方面给出解决办法,只要在正确的地方再补个签名就可以了。找到办法后,小杨很快来到客人身边,告诉他解决的办法,并将客人带到总台外币兑换处,向兑换员讲明情况,使客人顺利地兑换了外币。这时,客人露出满意的神情称赞小杨:"谢谢你这么快解决了问题,帮了我大忙,真不愧为客人的知己。"看着客人翘起大拇指,小杨舒心地笑了,说:"这是我们应尽的义务,请不必客气。"客人满意地离开。

(资料来源:http://www.canyin168.com/glyy/yg/ygpx/fwal/201101/26769_10.html)

分析提示:

原本是一件极可能引起投诉的复杂事情,可处理起来就这么简单,几个电话就把它处理妥帖,而且效果相当好。其实,在我们平常为客人服务时都会遇到类似的事,该如何处理?上面的案例就是答案,不能简单地说"不",可以换一种方式试试,多动动嘴,多跑跑腿,在自己力所能及的范围内多为客人做些努力。这样,即使有些事一时不能解决,客人也会谅解的。

10.2.5 直接转账结算

客人采用直接转账结算方式时,通常要求在办理登记入住前得到饭店批准。通常情况下,饭店与政府机关、公司、团体等有定期转账结算的安排,个人或私营公司若要采用直接转账方式付款,须通过信用查询和核实。

直接转账申请得到批准后,饭店就可以与客户签订协议。协议一般包括优惠房价、一定的订房程序等条款,以便建立转账关系。对于没有事先做好安排的宾客,如要求直接转账,饭店一般不予答应。要求直接转账的申请得到批准后,客人仍需在登记入住时确定付款方式,因此总台接待员必须在客人完成登记手续之前核实转账是否已经批准。与付现金客人要预付订金以及压印信用卡一样,必须确保宾客的账户有效才能保证饭店最终能收取账款。

客人退房时,他的结账单需经本人审阅和签字,证明其已接受所有账项。直接转账账户要从宾客结账单转入应收款分类账。一般来说,要求在客人离开后48小时内把账单转寄到付款单位。若在两星期内没有收到款项,要另寄一份账单。转账的账户挂在应收款分类账上,直到款项如数收齐为止。

情景案例

陈先生是与酒店有业务合约的客人,来店后无须交预付款,只在他消费额达到酒店规定的限额时书面通知他即可。近日,1206房的陈先生消费签单又到限额了,但总台发了书面通知后,陈先生没来清算账款,甚至连电话也没来一个,因为是老客户,且以前一直很配合工作,所以总台也只是例行公事地发了一封催款信,礼貌地提醒了一下,可是催款信发给陈先生后,犹如石沉大海,但消费额还在上升。

总台便直接打电话与他联系,陈先生很客气地说:"我有这么多业务在你市里,还不放心吗？我还要在这里扎根住几年呢，明天一定来结。"可第二天依然如故，总台再次打电话，委婉地说明酒店规章，然而这次陈先生却支支吾吾、闪烁其词。

陈先生的异常表现引起酒店方的注意，经讨论后决定对他的业务单位做侧面了解。了解的结果使酒店方大吃一惊，陈先生在本市已结束业务，机票也已订妥，不日即飞离本市，这一切与他所说的"这么多业务在你市""还要在这里扎根住几年"显然不符，这里面有诈。

酒店当即决定，采取所内紧外松策略，客房部、保安部对他重点"照顾"，此外，与机场联系，打听航班时间。

为了尽可能不弄僵关系，客房部以总经理的名义送上果篮，感谢陈先生对本酒店的支持，此次一别，欢迎再来。

陈先生是个聪明人，知道自己的情况已被人详知。第二天，自己到总台结清了所有账目。总台对陈先生也礼貌有加，诚恳地询问他对酒店的服务有什么意见和建议，并热情地希望他以后再来，给了陈先生足够的面子，让其下了台阶。

(资料来源：http://papers.9first.com/document/detail/b73baf17-3cef-4611-9521-2fb9c3b279b6)

思考题：

容易逃账的客人有什么特征？

分析提示：

容易逃账的客户通常会显露出以下几种迹象：付款速度放慢，以种种理由要求延期付款；改变或推翻协议，要求改变汇率或折扣，如不同意则拒绝付款；与其联系不接电话或以种种理由拒绝会面；转换付款银行或开空头支票；频繁搬迁公司地址；一反常态，突然大笔消费。催账是防止逃账的一种重要手段，尤其对那些即将倒闭而被迫赖账或准备赖账的公司、客户，要加强催收力度。催收时，要注意方式方法，以免引起纠纷。

【知识检验与能力实训】

1. 简述结账处的主要工作内容。
2. 简述结算散客客账的服务程序。
3. 简述结算团队客账的服务程序。
4. 由学生进行服务员与客人的角色扮演，模拟前厅收银服务的情景，巩固练习此项服务的程序与规范，同时注重培养礼貌待客、周到服务的意识。

第11章　客房清洁服务实训

学习目标

> 掌握客房清洁标准及时间。

11.1　客房清洁标准及时间

1. 客房清洁的标准
(1) 眼睛能看到的地方无污迹。
(2) 手能摸到的地方无灰尘。
(3) 设备用品无病毒。
(4) 空气清新无异味。
(5) 房间卫生达到"十无",即天花板、墙角无蜘蛛网;地毯(地面)干净无杂物;楼面整洁无害虫(老鼠、蚊子、苍蝇、蟑螂、臭虫、蚂蚁);玻璃、灯具明亮无积尘;布单洁白无破烂;茶具、杯具消毒无痕迹;铜器、银器光亮无锈污;家具、设备整洁无残缺;墙纸干净无污迹;卫生间清洁无异味。

2. 不同客房的清洁时间
(1) 双人房:25～30分钟。
(2) 单人房:20～25分钟。
(3) 套间:50～60分钟。

学习目标

> 掌握客房清洁原则及要求。

11.2　客房清洁原则及要求

1. 客房清洁的原则
(1) 从上到下。用抹布擦拭物品时,应按从上到下的顺序进行。
(2) 从里到外。地毯吸尘和擦拭卫生间的地面时,应按从里到外的顺序进行。
(3) 环形清理。在擦拭和检查卫生间、卧室的设备用品时,应按照从左到右或从右到左，亦即按顺时针或逆时针的路线进行，以避免遗漏死角，并节省体力。

(4) 干、湿分开。擦拭不同的家具、设备及物品的抹布，应严格区别使用。例如，房间的灯具、电视机屏幕、床头板等只能使用干抹布，以避免污染墙纸和发生危险。

(5) 先清扫卧室、后清扫卫生间。清洁住客房时，应先清扫卧室，然后清扫卫生间。这是因为住客房的客人有可能回来，甚至带来亲友或访客。先将客房的卧室整理好，客人归来既有安身之处，卧室外观也整洁，客人当着访客的面也不会尴尬。对服务员来说，这时留下来做卫生间的清扫工作也不会有干扰之嫌。整理走客房则可先清扫卫生间、后清扫卧室，一方面可以晾晒弹簧床垫和毛毯等，达到保养的目的；另一方面又无须担忧会有客人突然闯进来。

(6) 注意墙角。墙角往往是蜘蛛结网和尘土积存之处，也是客人重视的地方，需要留意打扫。

2. 客房清洁的要求

(1) 清扫房间时，应尽量避免干扰客人，最好是在客人外出时清扫，或客人特别吩咐时再去清扫，但必须掌握时间，要在客人回来之前整理好。长住客人的房间，则按客人需要去清扫。

(2) 服务员在进房间清扫时应先敲门，待客人同意后再进入。若敲门三次无反应，再用钥匙打开房间。如发现客人在睡觉，则应马上退出，轻轻将门关上。另外，假如客人在房间，需要问明客人现在是否可以整理房间，征得客人同意后，才能进行清扫。

(3) 清理房内垃圾时，要注意扔掉的瓶、罐必须是空的，而且要确认所扔掉的报纸、杂志一定是客人废弃不用的。否则，不可将这些报纸、杂志随便扔掉或擅自留归己有。

(4) 客房清扫使用的抹布必须是专用的，干、湿分开；清洁马桶用的抹布要与其他抹布分开。根据不同的用途，选用不同颜色、规格的抹布，以防止抹布的交叉使用。用过的抹布最好交洗衣房洗涤消毒，以保证清洁的高质量。

(5) 清扫卫生间时一定要注意卫生，不能为了方便而把撤换下来的毛巾、脚巾、浴巾或枕巾、床单等当抹布使用。

> 学习目标

➢ 掌握各类客房清洁顺序。

11.3　各类客房清洁顺序

(1) 总台指示要尽快打扫的房间。
(2) 空房。
(3) 走客房间(Check Out)。
(4) 门上挂有"请速打扫"牌的房间。
(5) 重要客人(VIP)的房间。

(6) 其他住客房间。

> [!NOTE] 学习目标
> ➢ 了解各类清洁剂的作用方法。

11.4　各类清洁剂的使用

1. 酸性清洁剂

酸性清洁剂一般含有盐酸、磷酸、硫酸和醋酸等酸性化合物，可用于清洁茶渍、咖啡渍等碱性物质。另外，酸性清洁剂还可以用来还原氧化物，故常被用来去锈(将深咖啡色的高铁还原为浅绿色的亚铁离子)，清洗冷气机的蒸发器及冷凝器(将氧化铝或结在钢管内的氧化物还原)。含浓硫酸的清洗剂，则主要利用其脱水性。

2. 碱性清洁剂

碱性清洁剂含氢氧化钾、氢氧化钠或其他碱类，可以清洁一切酸性污渍。另外，碱性清洁剂还可以用来清洁一切油污，因为它可以将不溶于水的油脂变成半溶于水的物质。强碱(如氢氧化钠)非常活泼，故常被用作起蜡剂(因为它能将蜡水中的金属链切断，令"亚加力块"浮于水面，从而起到起蜡作用)。通常，碱性清洁剂的应用最为广泛。

3. 中性清洁剂

中性清洁剂含合成化合物，呈中性，其清洁能力不是很显著，主要用于保养方面，一般不会损坏物体的表面。

> [!NOTE] 学习目标
> ➢ 掌握客房清洁程序。

11.5　客房清洁程序

1. 敲门进入房间

在整个清扫过程中，房门必须始终敞开，清扫一间开启一间，不得同时打开多个房间的门，以免客人物品被盗。

(1) 检查工作车上的备品是否齐全，然后将工作车停放在待清洁房间一侧的房门口，吸尘器放在工作车一侧。

(2) 轻轻敲门两次，每次相隔3秒，每次敲3下，并按门铃一次，报称"客房服务员"，等客人反应。需注意，声音大小要适度，不要垂下头或东张西望，不得从门缝或门视镜向内窥视，不得耳贴房门倾听。

(3) 如听到客人有回音，服务员应说明来意，等客人开门后方可进入。如房内无反应，可用钥匙慢慢地把门打开，并再次报称"客房服务员"。如进房后发现客人在卫生间或正在睡觉、更衣，应立即道歉，退出房间，并轻轻把房门关好。

(4) 进房清扫整理前，将"正在清扫"牌挂在门锁上。

2. 撤走用过的客房用品

(1) 进入卫生间，撤走用过的物品。要注意消耗品的回收和再利用，将客人用过的香皂、浴液、洗发液分类放在清洁篮内；同时注意如有剃须刀等尖锐物品和废电池等对环境有污染的物品应单独处理；用过的牙具等杂物应放在垃圾桶内，然后把垃圾桶内的垃圾袋卷起放于卫生阀门侧的地板上。

(2) 把空调出风调至最大，温度调至最低，以加快房间内空气对流，使房间空气清新。

(3) 依次将衣柜、行李柜、组合柜、冰箱、咖啡台、床头柜等处客人用过的物品撤走。如果房间内有免费招待的水果，要将不新鲜的水果及果皮盘一同撤走。清扫走客房时还应检查是否有客人的遗留物品。清理住客房垃圾杂物时，未经客人同意，不得私自将客人的剩余食品、酒水饮料及其他用品撤出房间。

(4) 拉开窗帘、窗纱，让光线照射进来。

(5) 逐件撤下用过的被套、枕袋和床单，放进工作车，并带入相应数量的干净床单和枕袋。床单要一条一条撤，并抖动一下以确定未夹带客人物品；床上有客人衣物时，要整理好；脏床单要卷好放在布草袋里，不要放在地上；切忌将脏床单和干净的床单混放，以免沾染细菌。

(6) 把电热水壶、茶壶拿到卫生间，将剩水倒掉，用过的烟灰缸要进行冲洗；把客人用过的杯具撤出放于工作车上。

情景案例

一天晚上，一位30多岁、着装考究的香港女客人，面带怒色地找到酒店大堂俞副理，投诉说："先生，我刚才回房发现自己放在卫生间洗手台上的洗发液不见了，肯定是让服务员给扔掉了！"俞副理马上说道："小姐，对不起，给您添麻烦了。那么您是否可以使用本酒店提供的洗发液？""不行啊，我多年来一直使用那个法国名牌洗发液，所以外出旅行也带上它，其他洗发液我用不习惯。"俞副理见谈话陷入僵局，觉得应该先到现场调查一下再说，于是他对客人说："小姐，您可以带我到房间去看看情况吗？""好吧。"客人答应道。

俞副理跟着香港女客人走进她客房的卫生间，见盥洗台右角上整齐地摆放着客人的盥洗用品和化妆盒，只是没有洗发液。俞副理马上把当班服务员小甘叫来，问她是否见到客人的一瓶洗发液。小甘承认是她处理掉的，因为她从半透明的瓶子看到瓶底只剩一点洗发液，估计客人不会再用了。客人表示，这最后一点洗发液是她留着最后一晚用的，明天她就乘飞机回香港了。

至此，真相大白。为了打消客人的怨气，使客人满意，俞副理当即表示："这件事确是我们酒店的过错。给您带来麻烦，实在抱歉。小姐，看来这种外国洗发液在本地没有卖的，是否可以这样办，我们照价赔偿，今天晚上您就使用本酒店的洗发液吧！其实，本酒店的洗发液质量是不错的，您试用后或许会喜欢的。"客人见俞副理赔礼道歉，态度诚恳，气也消了，想到并没有受到多大经济损失，只是生活习惯受到一点影响，让酒店赔偿未免过分，便对俞副理说："先生，您这么说，我就不好意思了，赔偿就不必啦。""只是委屈您了！"俞副理充满歉意地说。"没关系。"客人最后完全原谅了酒店的过失。

(资料来源：范运铭.客房服务与管理案例选析[M].北京：旅游教育出版社2000：24-25.)

思考题：

住客房和走客房的清扫规范有什么区别？

分析提示：

本例中，客房服务员小甘原本好心帮客人处理剩余用品，没想到客人不但不领情，而且大为不满，提出投诉。问题就出在她没有完全了解酒店客房服务的严格程序和规范要求，特别是不了解住客房和走客房清扫规范的区别。服务员在清扫过程中，对属于客人的一切物品，只能稍做整理，尽量不要触动，也不能随意挪动位置，更不能想当然地将空瓶或纸巾之类的东西扔掉。这是住客房与走客房清扫规范的区别所在。

小甘好心反遭投诉的教训，还提醒服务员，对客人租用客房必须树立一种明确的观念，即客人一旦办好入住登记手续，交了房租，酒店与客人之间便形成一种契约关系，在租用期间，客人是这个房间唯一的主人和占有人，享有房间租期内的使用权。酒店方面有义务尊重客人的权利，清扫房间也不例外。

3. 铺床(中式)

(1) 铺床单。抖单，一次到位，正面向上，床单中线不偏离床的中心线。

(2) 包角。可包直角，也可包45°角，四个角的式样与角度要一致，角缝要平整、紧密。

(3) 套枕头。将枕芯反折90°，压在枕套口上，把枕芯一次放到位，四个角要套到位，枕芯不得外露，枕头外形平整、挺括。

(4) 放枕头。枕头居中，枕头边与床两侧距离相等，枕头开口处与床头柜方向相反。

(5) 套被套。被套展开一次到位，被子四角以饱满为准，正面朝上。

(6) 铺被子。被边反折30厘米，与枕头成切线，两侧自然下垂，被尾自然下垂，两角折成90°，中线与床单中线对齐。

(7) 铺床尾巾。将床尾巾平铺于床尾，不偏离中线，两侧自然下垂，距离相等。

4. 抹尘

抹尘时，房间用抹布和卫生间用抹布必须分开，不得用客用"四巾"(毛巾、浴巾、方巾、地巾)做抹布。

(1) 从门外门铃开始抹至门框，按顺时针或逆时针方向抹，先上后下，先里后外，先湿后干，不留死角。灯泡、镜面、电视机等要用干布抹。

(2) 将物品按规定摆放整齐，抹尘过程中应默记待补充的物品。

(3) 每抹一件家具、设备，就要认真检查一项，如有损坏，应在"楼层服务员做房日报表"上做好记录。

5. 清扫卫生间

卫生间是客人最容易挑剔的地方，因为卫生间是否清洁美观，是否符合规定的卫生标准，直接关系客人的身体健康，所以卫生间清扫工作是客房清扫服务的重点。清扫卫生间时必须注意不同项目使用不同的清洁工具、不同的清洁剂。清扫后的卫生间必须达到整洁，干燥，无异味，无脏迹、皂迹和水迹的要求。

(1) 进入浴室，撤出客人用过的皂头、浴液、洗发液瓶及其他杂物，清理纸篓。用清洁剂全面喷一次"三缸"(浴缸、洗脸盆、马桶)。

(2) 用毛球刷擦洗脸盆、云石台面和浴缸以上三格瓷片，然后用花洒放水冲洗，用专用的毛刷洗刷马桶。

(3) 用抹布擦洗"三缸"及镜面、浴帘。马桶要用专用抹布擦洗，注意两块盖板及底座的卫生，擦洗完后加封"已消毒"的纸条。

(4) 用干布抹干净卫生间的水渍，要求除马桶水箱蓄水外，所有物体表面都应是干燥的。不锈钢器应光亮无迹，同时默记卫生间需补充的物品。

6. 补充客用品

补充房间和卫生间内备品，按规定的位置摆放好。整理房间时，将客人的文件、杂志、书报等稍加整理，放回原来的位置，不得翻看。尽量不触动客人的物品，更不要随意触摸客人的照相机、计算器、笔记本和钱包之类的物品。

7. 吸尘

吸尘时要由里往外吸，先吸房间，后吸卫生间。注意行李架、写字台底、床头柜底等边角位置的吸尘。

8. 检查清扫质量

吸尘后，客房的清扫工作就完成了。服务员应检查一下房间、卫生间是否清扫干净，家具、用具是否摆放整齐，清洁用品是否遗留在房间等。检查完毕，把空调拨到适当的位置，关好总电开关，锁好门，取下"正在清扫"牌。若客人在房间，要礼貌地向客人表示谢意，然后退出房间，轻轻将房门关上。最后应填写"楼层服务员做房日报表"。

情景案例

早晨7:50，昨晚值夜班的张主任尚未从一夜未睡好的状态中完全醒来，但为了应对局里的检查工作，他放弃了补睡的念头。当他麻利地穿好衣服，准备迈出房门时，床头的电话响了。

"您好！我是楼层服务员，可以进来打扫房间吗？"

"咦？唔……好吧！你进来吧！"

这时，张主任以为自己看错了时间，便再一次看了看腕上的手表，没错呀！是7:50啊！怎么这个时间会来人打扫房间呢？张主任带着疑问，决定去了解一下究竟是怎么回事。他走到楼层的过道，看见客房部新来的员工小彭正推着布草车准备打扫房间。张主任把他叫过来，问道："刚才是你打电话到120房间吗？"

"是啊！"

"为什么要打电话呢？"张主任和颜悦色地问道。

"我已经打扫完两间住房了，没房打扫了，我想问一下客人能否打扫，这样就可以下班前把房间都做出来。"看到张主任和蔼的样子，小彭也不紧张了。

"你上岗前没有参加培训吗？不能在中午12:00以前打电话进房，催客人清理房间。"

"讲是讲过了，但我想，我们主动为客人提供服务，客人应该是可以理解的呀！"

"那你有没有想过，假如这个时候，客人还在休息，你的电话铃声是否会吵醒他呢？"

"唔，那会。"

"刚才好在我有事已经起床了，但如果我仍在睡觉，或换了其他夜值经理或客人还在休息，被你这善意的打扰吵醒了，他会不会有意见呢？"

"有的会有意见，不过，今天所有房间都住满了，我怕下班时完不成任务。"

"你想在当班期间，把自己本班次的工作完成，这很好。但我们的服务宗旨本来就是要让客人得到最舒适的感觉，你这通电话打进去，这舒适的感觉不就没了吗？所以以后一定要严格按操作规程办事，好吗？"

"好！"小彭稚嫩的脸上，透出一种自信和轻松来，望着张主任远去的背影，小彭暗暗地下定了决心……

(资料来源：范运铭.客房服务与管理案例选析[M].北京：旅游教育出版社2000：174-176.)

分析提示：

酒店客房服务中，其中最重要的一条就是尽可能不要打扰客人。案例中，服务员小彭的本意是好的，但他的做法却违反了酒店的操作规程和标准，间接地损害了酒店的声誉。

情景案例

北京某饭店的高档公寓内，德国一家大公司包租的楼层里新入住了一批客人。上午8时，服务员小瑛来到1205套房门口。门上没挂任何指示牌，她便轻轻敲门，准备打扫客房。门开了，男主人立在门侧。"先生，您早，可以打扫吗？"小瑛柔声问。得到允许后，小瑛进入房间，看到客厅餐桌上放着牛奶、糕点、茶杯、报纸……

看来，女主人已带孩子上学去了，但男主人还在边吃早餐边看报。客厅已无法整理，小瑛迅速清扫卫生间、厨房。男主人依然坐着，一言不发。

小瑛回去迅速向主管、部门经理汇报。张经理马上意识到，原来的程序中清扫、整理的时间定得太死。程序的制定应以方便客人、不打扰客人为原则。张经理为此动员大家动脑筋、想方法，如何使操作程序更加完善。

"以我多年从事客房管理的经验看，应统一规定清扫时间，以方便员工操作和领班、主管检查。"某主管说。

"不，公寓与饭店不同，须根据合同提供服务。"

"是啊，但合同里没有规定提供服务的具体时间啊。"

小瑛突然插话："是否可根据租户的生活起居规律、习惯、禁忌，选择最佳的服务时间呢？"

"对！"张经理归纳说："我们是四星级饭店，大家对客房服务比较熟悉，但公寓星级化服务是新课题，需要不断摸索、分析、归纳，以寻找为客服务的最优方式和最佳时间。因此，我建议每位员工均要掌握所有客人的作息时间、工作方式、个人生活习惯以及对清洁卫生工作的需求。在充分调查的基础上，安排工作时间和顺序，形成新的服务规范，提高服务质量。"

于是，分管公寓楼的客房部全体员工通过眼看、口问、手记，经过一段时间的积累，初步掌握了每位客人的起居规律，并在此基础上对工作时间做了合理安排。以小瑛分管的11楼、12楼日常卫生工作为例，情况如下所述。

8:00—8:20，清扫11楼走廊；
8:20—9:40，清扫11楼8间客房的卫生间、厨房(厨房仅负责收集垃圾)；
9:50—11:10，清扫12楼8间客房的卫生间、厨房；
11:10—12:30，清扫12楼走廊；
12:30—13:20，清扫11楼其余的4间客房；
13:30—14:20，清扫12楼其余的客房；
14:20—16:30，做其他工作及清扫公共区域卫生。

(资料来源：百度文库.http://wenku.baidu.com.有改动)

分析提示：

这是一则涉及怎样处理好饭店服务程序与客人特殊需求关系的案例。

公寓的清洁卫生工作与饭店客房部有极大的不同，在服务项目、方式、时间方面弹性很大，一般来说有三种情况：①租户聘用私人保姆来做；②租户自己动手做部分工作；③公寓服务员承担。规范的租赁合同应有所规定，但主要限于服务项目，多限于卫生间、厨房、客厅，卧室则根据租户的需求而定。

公寓的服务时间受租户的起居时间影响。由于欧美客人习惯于过夜生活，早晨起床较晚，故当客人未起床，或在做饭、用早餐时，服务员进房做卫生工作是极不礼貌的，也很不方便。因而，服务员、领班、主管应熟悉并掌握租户的生活规律，适时进房做卫生工作。比如，周一至周五，以上午8:30以后为佳，周六、周日要推迟到9:30甚至更晚些。

当然，推迟时间会给质量检查带来一定困难，也会影响服务劳动的效率。由于大部分租户喜欢自己购买生活用品(包括某些床上用品)，公寓极少配备客用物品。因此，公寓的服务项目较少，服务员的劳动强度也较低。然而，虽然劳动强度不大，但服务员每天上下楼或在各房间交叉走动的时间比较长。这是由公寓服务劳动的特殊性决定的，计算工作量时应适当考虑。为了少影响租户的休息，周六、周日的服务质量检查应以抽查为宜。

【知识检验与能力实训】

1. 简述客房清洁标准及清洁时间。
2. 简述各类客房清洁顺序。
3. 简述客房清洁程序。
4. 由学生进行服务员与客人的角色扮演，模拟客房清洁服务的情景，巩固练习此项服务的程序与规范，同时注重培养礼貌待客、周到服务的意识。

第12章　客房对客服务实训

> **学习目标**
>
> ➢ 1. 掌握迎客服务程序。
> ➢ 2. 掌握送客服务程序。

12.1　迎客、送客服务

12.1.1　迎客服务

(1) 了解客人的姓名、国籍、身份。
(2) 按照不同规格布置房间。
(3) 在指定的楼层迎候客人。
(4) 站在服务处面带微笑，表示欢迎。
(5) 客人进入房间后送欢迎茶。

12.1.2　送客服务

(1) 掌握客人离店的准确时间。
(2) 检查是否还有未完成的代办事项。
(3) 征求即将离店客人的意见，并提醒客人检查自己的行李和物品，不要遗留物品在房间。
(4) 客人走后要迅速检查房间设备有无损坏，物品有无缺失，客人有无食用客房小酒吧内的食品，有无客人遗留物品，并在3分钟内报告前台收银。
(5) 处理客人委托的代办事项。
(6) 客人离店后要迅速清洁房间，并通知前台。
(7) 填写"客房情况日报表"。

【知识检验与能力实训】

1. 简述迎客服务程序。
2. 简述送客服务程序。
3. 由学生进行服务员与客人的角色扮演,模拟迎客服务及送客服务的情景,巩固练习这两项服务的程序与规范,同时注重培养礼貌待客、周到服务的意识。

学习目标

> 1. 掌握洗衣服务的操作程序。
> 2. 掌握洗衣服务的注意事项。
> 3. 掌握洗衣服务的纠纷处理方法。

12.2 洗衣服务

洗衣服务涉及的人员较多,如工作人员不够细致或缺乏常识,极易出现差错。因此,应严格按照规范和标准来提供服务。

12.2.1 洗衣服务的操作程序

1. 为住客提供洗衣袋和洗衣单

如果饭店为住客提供洗衣服务,通常都会在客房内配置洗衣袋和洗衣单。以前使用的洗衣袋多为一次性的塑料袋,为了降低费用和满足环保的需要,现在很多饭店都改用布袋。布袋可多次重复使用,但要注意布袋的洗涤、熨烫,保持其整洁。洗衣单可分为干洗、湿洗和熨烫三类。如果客人需要洗烫衣服,可以选择洗烫方式,填写相应的洗衣单,并将衣物放入洗衣袋内。洗衣单中由客人填写的内容主要包括房号、姓名、送洗日期、衣物的件数等,如表12-1所示。

表12-1 洗衣单

Laundry 湿洗		Dry Cleaning 干洗	Pressing 熨衣
For service please touch ③(洗衣请按内线3)			
Room No. 房号	Name 姓名	Signature 签名	
	Date 日期	Time 时间	AM/PM 上午/下午

(续表)

Special Instruction 特别提示			
◎Same Day Service: Collected by 11:00, Delivered on same ay ◎普通服务：上午11时前取的衣物，当日可送回	◎Express Service (4hours):latest collection by 14:00 is available from delivered on the same 7:00 to 8:00 day, 50% surcharge ◎加快服务(4个小时)：下午2时前取的衣物，当日可送回，需加50%附加费	◎Pressing service (1hours):Pressing ◎熨衣服务：(1小时内) 早上7时至晚上6时收衣	◎Overnight Pressing: Delivered at 8:00 ◎隔夜熨衣：早晨8时送回

Guest Count 贵客点数	Hotel Count 酒店点数	Laundry Items 湿洗项目	Price RMB价目 Laundry 湿洗	Shirts Return 衬衫交回	◎On Hanger 衣架 ◎Starch 浆 ◎Folded 折叠
		Normal Shirt 普通衬衫	26		
		Blouse 女装衬衫	26		
		Sport/T-Shirt 运动衣/T恤衫	20	Plus 15% Surcharge 加15%服务费	
		Jacket 外套	38		
Guest Count 贵客点数	Hotel Count 酒店点数	Laundry Items 湿洗项目	Price RMB价目 Laundry 湿洗	Amount 金额	
		Dress 连衣裙	43		
		Skirt 短裙	26		
		Pants/Peans 西裤/牛仔	32		
		Shorts 短裤	20		
		Pyjamas(2pieces) 睡衣裤(两件/套)	26		
		Night gown 睡袍	26		
		Undershirt 内衣	12		
		Underpants 内裤	12		
		Socks/stockings(pair) 短/长袜(双)	8		
		Handkerchief 手帕	8		

Guest Count 贵客点数	Hotel Count 酒店点数	Dry Cleaning/Pressing Items 干洗/熨衣项目	Price RMB 价目	
			Dry Cleaning 干洗	Pressing Items 熨衣

(续表)

		Suit(2 pieces) 西装(两件/套)	78	42
		Jacket/Coat 外套	48	26
		Slacks/Pants 西裤	32	16
		Shirt/blouse 衬衫	32	16
		Skirt 短裙	32	16
		Skirt(full pleated) 有褶短裙	62	36
		Dress 连衣裙	68	36
		Dress(evening)/Tuxedo 晚礼服	85	45
		Vest 背心	20	10
		Sweater 毛线衣/羊毛衫	38	16
		Tie/Scarf 领带/围巾	16	10
		Overcoat/Long oat 大衣	88	36

2. 住客送洗衣物

住客可以将送洗的衣物直接交给楼层服务员，也可以打电话直接通知洗衣服务处，由洗衣服务处派客衣服务员上门收取。有的饭店要求住客将洗衣袋挂在客房门外的把手上待服务员收取，也有的饭店要求客房服务员每天定时逐一检查所有住客房，收集住客送洗衣物。这两种方法都有明显的缺点，前者容易丢失，后者容易打扰住客。对此，饭店应该在服务指南上详细说明，告诉客人如何送洗衣物。

3. 收取住客送洗的衣物

无论是楼层服务员，还是客衣服务员，在收取客人送洗的衣物时都应该认真检查核对。检查核对的内容包括实物与客人填写的有关内容是否相符，衣物口袋有无物件，钮扣有无脱落，有无严重污渍和破损，客人的洗烫要求能否满足。如果发现问题，最好向客人当面说明，并在洗衣单上注明，以免不必要的麻烦。如果客人送洗的衣物是由楼层服务员收取的，应及时送交洗衣服务处。

4. 打码、分类

洗衣房在洗烫客人的衣物之前，要在每一件衣物上打码标记，以免将不同住客的衣物混在一起，出现差错。打码标记后，要按洗烫的要求进行分类。

5. 洗烫包装

洗烫是洗衣服务中的关键环节，有关人员必须谨慎操作，确保质量。洗烫好衣物后，要根据衣物的类别进行适当的包装。通常，衬衣、内衣可以折叠加封，外套应加套挂放，不宜折叠。

6. 送回衣物

通常，住客送洗的衣物应当日洗烫，当日送回。如客人要求的是快洗服务，必须在约定的时间内送回。送回客人的衣物时，如客人不在房内，应将衣物放在房内显眼处；如果客人在房内，需请客人当面验收；如遇门外挂"请勿打扰"标志牌，可将特制的说明纸条从门缝塞进房内，告知客人衣物已经洗烫好，请客人与洗衣服务处联系。

7. 交送账单

洗衣服务处要及时将客人洗衣的账单送交总台收款处，记入客人的总账内统一结算。

在洗衣服务过程中，如果出现丢失、损坏等问题，需妥善解决，可参考洗衣单上的有关说明办理。

12.2.2 洗衣服务的注意事项

1. 点清件数

收取客衣时，应认真点清件数，如与填写内容不符，要当面向客人说清后更正。

2. 检查口袋

检查客人所洗衣物口袋是否有物品，如有，应向客人说明，并在洗衣单上注明。

3. 检查衣物质地

检查衣物是否会褪色、缩水，能否按客人的要求洗熨，如有问题应当向客人说清。

4. 分清快慢洗

洗衣分快洗与慢洗，客人如需快洗服务，要向客人说明，需加50%的快洗费用。

5. 出现问题及时沟通

如客人送洗的衣物出现差错或损坏，要及时与洗衣服务处联系，查清原因，并向有关部门汇报，请示处理意见。

12.2.3 洗衣服务的纠纷处理

如果在洗衣服务中出现问题，产生纠纷，可按以下要求处理。

(1) 向客人表示歉意。

(2) 如衣物有损坏，查洗衣记录，如在洗衣前确有损坏记录，可向客人出示记录，加以说明。

(3) 如无损坏记录，则有可能是在洗涤中产生的，可根据洗衣破损的赔偿规定给予赔偿，赔偿的最高金额为洗衣费的10倍。

(4) 员工在接受旧衣物时，应提醒客人有可能洗破，征求客人的意见确认是否送洗及洗涤方式，送洗衣物如有损坏或纽扣丢失，应当面告诉客人并在洗衣单上做好记录；如客人不在房内，可以留言形式通知客人。

情景案例

某市一家酒店住着我国台湾某公司的一批长住客。某日，一位台湾客人把一件名贵西服弄脏了，需要清洗。当服务员小江进房送开水时，客人便招呼她说："小姐，我要洗这件西装，请帮我填一张洗衣单。"小江想客人也许是累了，就爽快地答应了，随即按她所领会的意思，帮客人在洗衣单湿洗一栏中做了记号，然后将西装和单子送进洗衣房。接手的洗衣工恰恰是刚进洗衣房工作不久的新员工，她不假思索地按洗衣单的要求对这件名贵西装进行湿洗，不料，西装口袋盖背面出现了一点破损。

台湾客人收到西装后，发现有破损，十分恼火，责备小江说："这件西装价值4万日元，理应干洗，为何湿洗？"小江连忙解释说："先生，真对不起，不过，我是照您的交代填写湿洗的，没想到会……"客人更加气愤，打断她的话说："我明明告诉你要干洗，怎么硬说我要湿洗呢？"小江感到很委屈，说："先生，实在抱歉，可我确实……"客人气愤至极，抢过话头，大声嚷道："你真不讲理，我要向你的上司投诉！"

客房部经理接到台湾客人的投诉——要求赔偿西装价格的一半即2万日元时，吃了一惊，立刻找到小江了解事情原委。但究竟是交代干洗还是湿洗，双方各执一词，无法查证，经理十分为难。他意识到问题的严重性，便向主持酒店工作的常务副总经理做了汇报。常务副总也感到棘手，便召集酒店领导反复研究，考虑到这家台湾公司在酒店有一批长住客，尽管客人的索赔款超出酒店规定的赔偿标准，但为了平息这场风波，稳住这批长住客，最后他们还是接受了客人过分的要求，赔偿2万日元，并留下了这套西装。

（资料来源：http://www.docin.com/p-1400724438.html）

思考题：

本起洗衣事件是怎样引起的？应如何避免？

分析提示：

本例中的赔偿纠纷，虽然起因于客人让服务员代填洗衣单，以致纠缠不清，但主要责任仍在酒店方面。

第一，客房服务员不应接受客人代填单子的要求，而应委婉地拒绝。在为客人服务的过程中，严格执行酒店的规章和服务程序，才是真正对客人负责。

第二，即使代客人填写洗衣单，事后也应该请客人过目，予以确认，并亲自签名，作为依据。

第三，洗衣房也有责任。首先，洗衣单上没有客人签名，不该贸然下水。其次，洗衣工若能敏锐地察觉湿洗名贵西服是不合理的，重新向客人了解核实，完全可以避免差错。因此，洗衣工对业务不熟、工作不够细致周到，也是导致差错的重要原因。

由于投诉客人是长包房客，为了稳住这批长包房客源，酒店领导同意了客人提出的巨额赔款要求，是可以理解的。尽管客人也有责任，但酒店本着"客人永远是对的"的原则，严格要求自己，从中吸取教训，以加强服务程序和服务培训，是很有必要的。但是，在解决赔偿纠纷过程中，对于客人的过分要求，酒店如果本着有理、有利、有节的原则进行处理，完全可以将客人破损不严重的衣服修补好，然后按规定适当赔偿客人的损失。这样，既能使客人满意，又能较好地维护酒店的利益，达到两全其美的效果。

> **学习目标**
>
> ➢ 1. 掌握客房小酒吧服务的注意事项。
> ➢ 2. 掌握设置客房小酒吧存在的问题及解决对策。

12.3 客房小酒吧服务

为了方便客人，大部分饭店都在客房内安放了冰箱(一些饭店还在客房内设有小型吧台)，为客人提供酒水和一些简单的食品。为了加强对这些食品和酒水的管理，饭店应设计一份注明冰箱内(或吧台)食品、酒水的种类、数量和价格的清单，并请客人将自己每天饮(食)用的酒水(食品)如数填写清楚。通常酒单一式三联，第一、二联交结账处作为发票和记账凭证，第三联作为补充酒水、食品的凭证。客房服务员每天早晨对其进行盘点，把客人实际饮(食)用的数量通知前台收银处，随后对冰箱或吧台中所缺的酒水、食品进行补充。

12.3.1 客房小酒吧服务的注意事项

1. 核对耗用单

如发现客人使用过小酒吧，应核对客人新填的酒水耗用单(见表12-2)。

2. 代客补填

如客人填写有误，应注明检查时间，待客人回房时，主动向客人说明并更正；如客人没填写，应代客补填，签名并注明时间。

3. 客人结账后使用小酒吧的处理方式

如客人在结账后使用了小酒吧，应礼貌地向客人收取现金，并将酒单的第一联作为发票交给客人，将收取的现金连同酒单的第二联记账凭证及时交给结账处。

4. 领补注意事项

领取和补充小酒吧的酒水和食品时，要检查酒水的质量和食品的生产日期及保质期。

表12-2 酒水耗用单

Guest Name(姓名)：
Room No.(房号)：
Date(日期)：

STOCK 贮量	ITEM 品名		UNIT PRICE 价格/RMB	CONSUMED 消耗数量	AMOUNT 金额
2	Martell VSOP	金牌马爹利	35.00		
2	VOSP Remy Martin	VOSP人头马	35.00		
2	JW Black label	黑牌威士忌	46.00		

(续表)

STOCK 贮量	ITEM 品名		UNIT PRICE 价格/RMB	CONSUMED 消耗数量	AMOUNT 金额
2	JW Red label	红牌威士忌	46.00		
2	Gordon's Dry Gin	哥顿金酒	35.00		
2	Grant's	格兰威士忌	48.00		
2	Imported Beer	进口啤酒	22.00		
2	Juices	各式果汁	12.00		
2	Coca Cola	可口可乐	10.00		
1	Sprite	雪碧	10.00		
2	Watons Water	屈臣氏蒸馏水	10.00		
2	Chocolate	巧克力	25.00		
4	Mineral Water(Imported)	进口矿泉水	20.00		
1	Local Beer	本地啤酒	10.00		
2	Wine	葡萄酒	28.00		

Please indicate daily the number of items you have consumed and kindly sign this form and leave it on your mini bar. The amount will be added to your room account.

请将您每天消费的酒水记入本账单并把账单放在吧台上。收费金额将记入您房间账户。

12.3.2 设置客房小酒吧存在的问题及解决对策

1. 存在的问题

设置客户小酒吧存在的最大问题是难以控制酒水的流失和报损。其中，有内部原因，如管理不善，员工责任心不强、查房不仔细或私自饮用等；更多的是外部原因，如一些素质较低的客人逃账等。

2. 解决对策

(1) 由夜班服务员完成全部楼层每日的酒水消耗账目。一般在夜间零时，由夜班服务员从前台收款处取回所有饮料账单的回联，与早、晚班领班填写的"酒水耗用单"核对，并按此数据登记在"酒水消耗总账簿"上。若有疑问则另作记录，交由主管核对，并由其负责查清原因。

(2) 客房部秘书每天去前台收银处抄录小酒吧酒水跑账的房号、品种、数量，交由楼层主管调查原因。

(3) 每周日，由领班对各楼层酒水柜进行盘点，编制"一周酒水消耗表"，交由楼层主管核对。物品领发于次日根据楼层消耗数量将酒水发到各楼层。

(4) 每月底由服务员核对房内小酒吧的酒水、食品消耗数量，领班对各楼层酒水柜内的酒水进行检查,如有接近保存期限的,立即与仓库调换。

(5) 如发生酒水逃账、漏账,若是客人原因,应做报损处理,由大堂副理签单认可。

(6) 酒水控制应与员工考核相联系,以增强员工责任心。

【知识检验与能力实训】

1. 简述客房小酒吧服务的注意事项。
2. 简述设置客房小酒吧存在的问题及解决对策。
3. 由学生进行服务员与客人的角色扮演,模拟客房小酒台服务的情景,巩固练习此项服务的程序与规范,同时注重培养礼貌待客、周到服务的意识。

学习目标

> 1. 了解托婴服务责任承担以及费用问题。
> 2. 掌握托婴服务对看护者的要求。
> 3. 掌握托婴服务期间的注意事项。

12.4 托婴服务

为了方便携带小孩的客人不必因孩子的拖累而影响外出或参加其他活动,饭店客房部为客人提供婴幼儿托管服务,并收取一定的服务费,但客房部一般无保育员编制,多由女性服务员兼管。

12.4.1 责任承担以及费用问题

当客人提出托婴服务申请时,应请其填写婴儿看护申请单,在申请单中应向客人说明饭店在托婴服务中所承担的责任,并请客人签名认可。如有的饭店在申请单中申明:不承担因看护者疏忽造成事故引起的任何赔偿。

在提供托婴服务时,还应告知客人有关饭店的收费标准。一般以3小时为一个计费点,超过3小时增收相应费用。托婴服务完成后,所有费用一般都在前台收款处直接结算。

12.4.2 对看护者的要求

为慎重起见,也为了表示饭店对此项服务的重视,常由客房部经理亲自安排专人看护婴幼儿。对看护者的要求通常包括以下几点。

(1) 责任心强。可靠的看护者必须有责任心,能够严格按客人的吩咐照料婴幼儿。

(2) 掌握专业技能。看护者应受过照料婴幼儿的相关培训,懂得并掌握照看婴幼儿的专门知识和技能。

(3) 了解文化差异。看护者应了解东西方文化与习俗方面的差异,以便提供符合客人需求的看护服务。

需注意,饭店提供托婴服务时,应首先明确是否有提供此项服务的基础,应量力而为。如果由服务员照管,只能利用其工余时间,不能利用上班时间照看婴幼儿,以免影响饭店的正常生活。

12.4.3 托婴期间的注意事项

1. 了解情况

看护者在接受任务时,必须向客人了解其要求、照看的时间及婴幼儿的年龄和特点,以确保婴幼儿的安全、愉快,使客人满意。

2. 遵守规定

看护者应在饭店规定区域内根据客人要求照看婴幼儿,一般不能将婴幼儿带出客房或饭店,尤其不能带婴幼儿至游泳池边、旋转门及栏杆等地,这些是孩子们感兴趣的地方,但也是容易造成意外的地方。此外,不得随便给婴幼儿吃食物;不得随便将婴幼儿托给他人看管;不得将尖锐或有毒的器物给婴幼儿充当玩具,以确保安全。

3. 妥善处理紧急情况

在提供此项服务时,还应考虑发生意外或紧急情况的可能,因此应请客人留下联络电话或提供处理方法。比如,在照看期间,婴幼儿突发疾病,应立即请示客房部经理,并与客人联系,以便妥善处理。

总之,托婴服务是一项责任重大的工作,决不可掉以轻心,若想为客人提供满意的托婴服务,必须保证婴幼儿的安全、健康和愉快。

【知识检验与能力实训】
1. 如何处理托婴服务的责任承担问题?
2. 简述托婴服务对看护者的要求。
3. 简述托婴服务期间的注意事项。
4. 由学生进行服务员与客人的角色扮演,模拟托婴服务的情景,巩固练习此项服务的程序与规范,同时注重培养礼貌待客、周到服务的意识。

学习目标

> 1. 了解订餐形式。
> 2. 掌握送餐服务的程序。
> 3. 掌握送餐服务的注意事项。

12.5 送餐服务

饭店为满足一些不愿去餐厅用餐及夜间抵店客人的需求，特设客房送餐服务。实际上，送餐服务主要是由餐饮服务人员承担，客房服务人员所做的只是一些辅助性工作。

12.5.1 订餐形式

1. 早餐的订餐形式

(1) 电话订餐。客人通过电话预订自己喜爱的早餐食品。

(2) 填写早餐卡。早餐卡是为了方便客人而特制的，卡上罗列了早晨饭店提供的所有食品和饮料，客人只需在要求的时间和食品旁打一个"√"即可，但要写清房间号码和姓名。客人填好早餐卡后，挂在房间门外的把手上，由夜班服务员在凌晨1:00、3:00、5:00分三次收回。再由电话员将卡上的预订内容抄写下来，成为订单。

2. 正餐、夜宵、快餐、小吃、酒水的订餐形式

正餐、夜宵、快餐、小吃、酒水都是通过电话订餐完成的。送餐部的菜单，在客人进店之前由客房部放在房间内的桌子上，以方便客人订餐。

12.5.2 送餐服务程序

1. 接订餐电话

电话铃响，电话员应迅速拿起电话，向客人问候，说明自己的部门，询问客人需要何种服务，问清客人的房间号码并详实记录，然后复述一遍，致谢，挂机。

2. 处理订单

电话员将订单交给服务员，服务员按照客人的要求准备相应的餐具。其中，早餐可在备餐间准备面包、黄油、果汁、咖啡或茶等。准备好的食品，需要保温的，要采取保温措施，然后迅速送到客房。

3. 送餐至客房

在客房门口，服务员应先敲门，说明是餐饮服务；客人打开房门后，服务员应主动问候；进入房间后，要先询问客人想在什么地方进餐，然后将餐盘摆好；请客人过目后，将账单交给客人付账；最后向客人道谢，离开房间。

12.5.3 送餐服务的注意事项

1. 按时、及时

送餐必须按时、及时，不可让客人在房内久等。所有热菜和易冷的食物必须加盖，以防因食物变冷影响口感而引起客人抱怨。

2. 熟记订单

送餐时，服务员必须熟记客人订餐的品种、价格、特点等，并且必须将调味品准备齐全，连同食物、饮料一起送入客房。

3. 结账签单

送餐后问询客人的结账方式，并请客人在账单上签名。

4. 及时撤餐具

客人用过的餐具应及时撤出，避免在客房中留下异味。

【知识检验与能力实训】

1. 简述送餐服务的程序。
2. 简述送餐服务注意事项。
3. 由学生进行服务员与客人的角色扮演，模拟送餐服务的情景，巩固练习此项服务的程序与规范，同时注重培养礼貌待客、周到服务的意识。

学习目标

> 1. 掌握擦鞋服务的具体程序。
> 2. 掌握擦鞋服务的注意事项。

12.6 擦鞋服务

当客人经长途跋涉，尤其是在雨雪天气抵达饭店时，或者将去参加重要的仪式、活动之前，通常需要擦鞋服务。

12.6.1 擦鞋服务的具体程序

1. 放置鞋篮

有的饭店在客房壁橱内放置标有房号的鞋篮和擦鞋卡，擦鞋卡上写明擦鞋服务流程以及联络电话，同时在房内的"服务指南"中也明确注明了擦鞋服务流程以及联络电话；有的饭店使用专用的擦鞋袋，袋上注明房号。

2. 收取客鞋

服务员接到客人要求提供擦鞋服务的电话或在房内看到客人有此要求后，均应及时收取，收取时在纸条上写好房号放入鞋内，或用粉笔在鞋底写上房号，防止弄混客人的鞋。

3. 按规范擦鞋

要按规范擦鞋，确保擦净、擦亮。特别注意鞋底和鞋口边沿要擦净，不能有鞋油，以免弄脏地毯和客人的袜子。对于不知如何处理的鞋面，切勿硬擦。一般应在半小时后、两小时内，将鞋擦好并送入客人房内，放在饭店规定的地方。

12.6.2 擦鞋服务的注意事项

首先，避免将鞋送错房间；其次，快速服务，及时将鞋送回；最后，如果鞋有损坏，无法处理，应提示客人送修理匠处理。

情景案例

一天，金陵饭店的一位客房服务员在为一位外国常住客做夜床时，发现鞋篓里有一双沾满泥土的脏皮鞋，就用湿布将鞋擦干净，擦完鞋油后放回原处。这位常住客一连几天从工地回来，都把沾满黄泥的皮鞋放在鞋篓里，而那位服务员每天都不厌其烦地将皮鞋擦得油光锃亮。客人被服务员毫无怨言又耐心的服务感动了，在第9天将10美元放进了鞋篓。服务员照常将皮鞋擦净擦亮，放进鞋篓，分文未取。免费提供擦鞋服务使这位客人在佩服之余又有几分不安。因此，一再要求饭店总经理表彰这位服务员的敬业精神。

（资料来源：http://www.doc88.com/p-0783262581872.html）

思考题：

提供擦鞋服务时应该注意哪些事项？

分析提示：

擦鞋服务是客房服务的项目，它的操作程序看起来简单，但有时技术难度还是比较大的。

第一，当客人需要擦鞋服务时，会将皮鞋放在壁橱的鞋篓里，或者打电话告诉客房服务中心或值班服务员。客房服务员在做夜床和每天的例行大清扫时，应注意查看鞋篓有无摆放皮鞋；如果是客人打电话要求擦鞋服务，客房服务员应在10分钟内赶到客人房间收取皮鞋，并注意询问客人，需要在何时送回擦好的皮鞋。

第二，提供擦拭皮鞋服务的人员能熟悉各种皮鞋及鞋油的性能，根据客人皮鞋的特性，选择适宜的鞋油和不同的擦法，特别是高档皮鞋更应注意鞋油与擦拭方法的选择。如果服务员没有把握处理好客人的皮鞋，就应向客人道歉，说明理由，不要接受这项工作。

【知识检验与能力实训】

1. 简述擦鞋服务的具体程序。
2. 简述擦鞋服务的注意事项。

学习目标

➢ 1. 掌握租借物品服务的具体程序。
➢ 2. 掌握租借物品服务的注意事项。

12.7 租借物品服务

客房内所提供的物品一般能够满足住店客人的基本需求,但由于一些特殊原因,客人有时会需要饭店提供一些特殊的物品,如熨斗、婴儿车、床板、热水袋、体温计、变压器、接线板及电动剃须刀等。客房应备有这些物品,以便及时提供租借物品服务,满足客人的需求。

12.7.1 租借物品服务的具体程序

1. 服务说明

为方便客人,客房内的"服务指南"中应注明客房部可提供此项服务,并告诉客人服务方式和联络方法。

2. 仔细询问

客人可通过电话或直接向客房服务员提出租借物品要求。客房服务员应仔细询问客人租借物品的名称、要求,以及租借的时间,如什么时间要、需用多长时间等。

3. 迅速送达

客房服务员应在放下电话后,以最快的速度(5分钟内)或准时将物品准备好送到客人的房间。

4. 登记签名

物品送达后,应请客人在"租借物品登记表"上签名。"租借物品登记表"上应注明有关租借物品的注意事项。

5. 提示归还

过了借用时限或有其他客人希望借用时,如客人仍未归还物品,客房服务员可主动询问客人,但应注意礼貌和询问方式。

6. 交接说明

客房服务员在交接班时,应将租借物品服务情况列为交接班内容,说明客人租借物品的情况,以便下一班的服务人员继续服务。

7. 归还记录

客人归还物品时,客房服务员应做好详细记录,在交班时,说明已收回。

8. 离店检查

客人离店时,应特别检查客人有无租用物品未归还。若有,应礼貌地提醒客人归还,并注意语言表达方式,不要引起客人的误解。

总之,提供租借物品服务时,一方面应尽量满足客人的合理要求,另一方面应保证物品及时收回,以确保能够及时为所有客人提供服务。

12.7.2 租借物品服务的注意事项

1. 提示安全使用

对于电器用品,应提醒客人使用时注意安全。

2. 提示及时归还

借出物品时,要提醒客人及时归还,以保证物品的流通。

3. 收取押金

如果客人借用的物品比较贵重,可让客人交一定数量的押金。

4. 明示赔偿

借出物品时,提示客人如在使用中造成损坏或遗失要按价赔偿。

【知识检验与能力实训】

1. 简述租借物品服务的具体程序。

2. 简述租借物品服务的注意事项。

3. 由学生进行服务员与客人的角色扮演,模拟租借物品服务的情景,巩固练习此项服务的程序与规范,同时注重培养礼貌待客、周到服务的意识。

参考文献

[1] 李勇平. 餐饮服务与管理[M]. 大连：东北财经大学出版社，2010.

[2] 张文侠. 饭店服务技能[M]. 天津：南开大学出版社，2005.

[3] 刘勇. 饭店服务技能实训教程[M]. 北京：化学工业出版社，2013.

[4] 王天佑. 酒水经营与管理[M]. 北京：旅游教育出版社，2004.

[5] 顾洪金. 调酒[M]. 北京：旅游教育出版社，2003.

[6] 吴玲. 康乐服务[M]. 北京：高等教育出版社，2010.

[7] 谭晓蓉. 康乐服务员实战手册[M]. 北京：旅游教育出版社，2006.

[8] 张智慧，阎晓燕. 康乐服务与管理[M]. 北京：北京理工大学出版社，2011.

[9] 时永春. 康乐中心服务技能与实训[M]. 北京：清华大学出版社，2010.

[10] 杨海清. 康乐服务与管理[M]. 北京：对外经济贸易大学出版社，2010.

[11] 刘伟. 前厅与客房管理.[M]. 3版. 北京：高等教育出版社，2012.

[12] 王德静. 前厅服务与管理实训教程[M]. 北京：科学出版社，2008.

[13] 时永春. 客房服务技能与实训[M]. 北京：清华大学出版社，2010.

[14] 孟庆杰，唐飞. 前厅客房服务与管理[M]. 4版. 大连：东北财经大学出版社，2010.

[15] 韩军，谢璐. 饭店前厅与客房管理[M]. 北京：中国旅游出版社，2013.

[16] 国家旅游局网站. http://www.cnta.com.

[17] 百度百科. http://baike.baidu.com.

[18] 中国台球协会官方网站. http://billiards.sport.org.cn.

[19] 中国保龄球协会官方网站. http://bowling.sport.org.cn.

[20] 中国高尔夫球协会官方网站. http://golf.org.cn.